[…] ich lebe in meiner Familie, unter den besten und liebevollsten Menschen, fremder als ein Fremder.[1]

Bibliografische Information der Deutschen Nationalbibliothek:
Die Deutsche Nationalbibliothek verzeichnet diese Publikation in der Deutschen
Nationalbibliografie; detaillierte bibliografische Daten sind im Internet über www.dnb.de
abrufbar.

Umschlaggestaltung und Grafik des gesamten Buches: Silke Ruthenberg
unter Verwendung von Illustrationen von:
Raphael Bräsecke, Creactive – Atelier für Werbung, Comic & Illustration (Zeichnungen)
© JackF - Fotolia.com (Bilderrahmen)
© Valerie Potapova - Fotolia.com (Bilderrahmen)
© Svetlana Gryankina - Fotolia.com (Sprechblasen)
Herstellung und Verlag:
BoD – Books on Demand, Norderstedt

ISBN 978-3-7526-3979-7

Walther Ziegler

Kafka

in 60 Minuten

Dank an Rudolf Aichner für seine unermüdliche und kritische Redigierung,
Silke Ruthenberg für die feine Grafik, Angela Schumitz, Lydia Pointvogl, Eva Amberger,
Christiane Hüttner, Walburga Allgeier, Dr. Martin Engler für das Lektorat
und Dank an Prof. Guntram Knapp, der mich für die Philosophie begeistert hat.

Inhalt

Kafkas große Entdeckung

Kafka (1883-1924) ist ein Schriftsteller und kein Philosoph. Und dennoch zählt er zu den bedeutendsten Denkern der Welt. Er muss in einer Reihe mit Platon, Konfuzius, Kant, Hegel, Hume, Freud, Wittgenstein und Sartre genannt werden. Denn ihm verdanken wir nicht nur ein herausragendes Stück Weltliteratur, sondern auch eine philosophische Entdeckung von zeitloser Gültigkeit.

Kafka ist es – wie kaum einem anderen – gelungen, zum Kern der menschlichen Existenz vorzudringen. Er offenbart eindrucksvoll, was das Wesen des Menschen in seinem Innersten ausmacht und ihn am Leben hält. In seinen Romanen und Kurzgeschichten kreist er immer wieder um das Phänomen der Mitmenschlichkeit, sei es, dass ein fleißiger Handelsreisender sich eines Morgens in ein Insekt verwandelt und von der eigenen Familie verachtet wird, sei es, dass ein altbewährter Steuermann ohne jeden Widerstand seiner Mannschaft durch einen Fremden weggestoßen und ersetzt wird, ein Angeklagter nicht weiß, weshalb man ihm den Prozess macht oder ein Sohn von seinem eigenen Vater zum Tode verurteilt wird.

In allen seinen Romanen und Novellen wirft Kafka einen unbestechlichen Blick auf die Fragilität der zwischenmenschlichen Beziehung. Wie keinem anderen gelingt es ihm, die existenzielle Angewiesenheit der Menschen auf andere Menschen zu erfassen:

Untereinander sind sie durch Seile verbunden, und bös ist es schon, wenn sich um einen die Seile lockern und er ein Stück tiefer sinkt als die andern in den leeren Raum, und gräßlich ist es, wenn die Seile um einen reißen und er jetzt fällt.[2]

Die Menschen sind, so Kafka, wie Bergsteiger in einer Art Seilschaft miteinander verbunden, um ihre Existenz gegenseitig abzusichern. Ein Leben lang bekommen sie Halt durch den Seins-Zuspruch und die Anerkennung ihrer Mitmenschen. Doch diese Angewiesenheit auf den Zuspruch der anderen birgt

strukturell immer auch die Gefahr, von diesen nicht
– oder nicht mehr – anerkannt zu werden. Bleibt der
Zuspruch phasenweise oder für immer aus, wird man
also exkommuniziert, gemobbt oder totgesagt, dann
tut sich, so Kafka, ein gefährlicher Abgrund auf.

Die fundamentale Struktur der gegenseitigen Anerkennung und deren grundsätzliche Zerbrechlichkeit
ist Kafkas große philosophische Entdeckung. Er zeigt
sie uns aber nicht aus der distanzierten Perspektive
des Philosophen oder Wissenschaftlers, sondern aus
der Innenansicht seiner literarischen Figuren und
deren Erfahrungen. Wie seine Romanhelden litt aber
auch Kafka selbst unter Gefühlen des Ausgeliefertseins, der Nicht-Anerkennung und der damit einher-
gehenden Seins-Unsicherheit:

> Als ich heute in der schlaflosen Nacht alles
> immer wieder hin- und hergehn ließ zwischen den
> schmerzenden Schläfen, wurde mir wieder [...]
> bewußt, auf was für einem schwachen oder gar

> nicht vorhandenem Boden ich lebe,
> über einem Dunkel, aus dem die dunkle
> Gewalt nach ihrem Willen hervorkommt
> und [...] mein Leben zerstört.[3]

Ich könnte leben und lebe nicht.[4]

Kafka ist Schriftsteller und Geschichtenerzähler, aber seine Geschichten sind weitaus mehr als nur spannende Unterhaltung. Sie setzen etwas in Gang. Bei aller Vielfalt kreisen sie meist um denselben Kern. Sie ziehen uns in den Strudel unserer eigenen Träume, Stimmungen und Ängste. Jeder, der sich auf Kafkas Schriften einlässt, begegnet am Ende sich selbst und wird, ob er will oder nicht, mit der Zerbrechlichkeit seines eigenen Lebens konfrontiert. Kafka zeigt uns das Ausgeliefertsein an Mächte, die wir kaum oder gar nicht kontrollieren können. Er lässt uns die ganze Dimension der Ungeborgenheit unseres Daseins spüren und entführt uns in Räume, die wir normalerweise nicht betreten oder betreten wollen.

Keine Frage, er hat eine tiefe philosophische Wahrheit zu Tage gefördert. Seine Schriften und Gedanken dringen in einen Bereich der menschlichen Existenz vor, der bei aller Betonung der Verlassenheit, Gleichgültigkeit oder Bedrohung durch die Mitmenschen zugleich ein helles Licht auf die Möglichkeit gelingender Gemeinschaft wirft. Kafka selbst sieht sich als Grenzgänger zwischen diesen zwei Welten, der Welt der Einsamkeit und der Welt der Gemeinschaft:

Dieses Grenzland zwischen Einsamkeit und Gemeinschaft habe ich nur äußerst selten überschritten, ich habe mich darin sogar [...]

angesiedelt [...]. Was für ein lebendiges schönes Land war im Vergleich hierzu Robinsons Insel.[5]

Vielleicht konnte Kafka den Mangel an echter Gemeinschaft oder das, was eine gelingende zwischenmenschliche Beziehung im Kern ausmacht, gerade deshalb so eindrucksvoll auf den Punkt bringen, weil er selbst an diesem Mangel fast zu Grunde gegangen wäre. An einen Freund schreibt er:

Wenn Du vor mir stehst und mich ansiehst, was weißt Du von den Schmerzen, die in mir sind und was weiß ich von den Deinen. Und wenn ich mich vor Dir niederwerfen würde und weinen und erzählen, was wüßtest Du von mir mehr als von der Hölle, wenn Dir jemand erzählt, sie ist heiß und fürchterlich. Schon darum sollten wir Menschen vor einander so ehrfürchtig, so nachdenklich, so liebend stehn, wie vor dem Eingang zur Hölle.[6]

Ein Klassenkamerad beschreibt Kafka schon früh als jemanden, der von seiner Umgebung wie durch eine „gläserne Wand"[7] getrennt war. Die in seinen Werken immer wieder auftauchende Stimmung der Fremdheit und Ungeborgenheit ist von einer so großen Eigentümlichkeit und Intensität, dass ihr die Nachwelt ein eigenes Adjektiv verliehen hat: „kafkaesk".

Der Duden definiert „kafkaesk" als Begriff zur Beschreibung von etwas, das „auf unergründliche Weise bedrohlich ist".[8] Auch die Literaturlexika übersetzen ‚kafkaesk' in der Regel als „das Gefühl, einer höheren und nicht-greifbaren Macht, ausgeliefert zu sein". Ob bedrohlich, ohnmächtig, unergründlich oder ungreifbar, letztlich meint das Adjektiv kafkaesk jene eigentümliche Stimmung, die eben nicht anders zu erfassen ist als mit dem Namen des Autors selbst.

Inwiefern aber enthält diese Stimmung des Kafkaesken einen philosophischen Kerngedanken? Macht es überhaupt Sinn, Kafka philosophisch zu interpretieren? Schließlich beschreibt er doch in seinen Geschichten vor allem einen emotionalen Ausnahmezustand, den wir mehr aus unseren Alpträumen als aus unserem Alltagsleben kennen. Darf man Kafkas subversiv traumartige Beschreibungen der Beziehungen zwischen den Menschen zum Ausgangspunkt einer philosophischen Analyse machen?

Einiges spricht dafür. Denn gerade vom Standpunkt eines defizitären Erlebens aus kann man die zwischenmenschliche Beziehung, wie sie eigentlich sein sollte, am präzisesten sichtbar machen. Zwar haben bereits Philosophen wie der Existenzialist Sartre und der Religionsphilosoph Buber versucht, die Grundstruktur der zwischenmenschlichen Beziehung zu analysieren. Aber sie konnten die Phänomene des Zwischenmenschlichen bei weitem nicht so erlebnisnah und eindringlich erfahrbar machen, wie es Kafka in seinem literarischen Werk gelungen ist. Kein Zweifel: Kafka verstehen, heißt die Struktur von Beziehung verstehen.

Dabei haben die Gedanken seiner Protagonisten etwas eigenartig Trockenes, Emotionsloses, ja fast schon Sachliches. Im Unterschied zu anderen bekannten Schriftstellern, schreibt Kafka ohne großes Pathos. Seine Schriften lösen aber vielleicht gerade deshalb so starke Gefühle aus, weil seine Romanfiguren ihr Schicksal auf eigentümlich stoische Weise hinnehmen. Die Beschreibung seiner Hauptfiguren und deren Scheitern besticht durch eine nüchterne, fast distanzierte Betrachtung und liefert vielleicht gerade deshalb die phänomenologische Basis für eine herausragende philosophische Entdeckung.

Ist der Mensch womöglich unter der Oberfläche seines zur Schau getragenen Selbstbewusstseins eine Nussschale auf dem Meer gegenwärtiger und früherer Beziehungen mit Familie, Freunden und Gesellschaft? Kafka zeigt in immer neuen Anläufen die Zerbrechlichkeit unseres alltäglichen Beziehungsgeflechtes. Auch wenn wir uns im normalen Leben nicht einfach in einen Käfer verwandeln und von der eigenen Familie ausgeschlossen und totgesagt werden, empfinden wir als Leser doch die ganze Wucht dieser Exkommunikation. Kafka war sich der kathartischen Wirkung seiner Bücher durchaus bewusst:

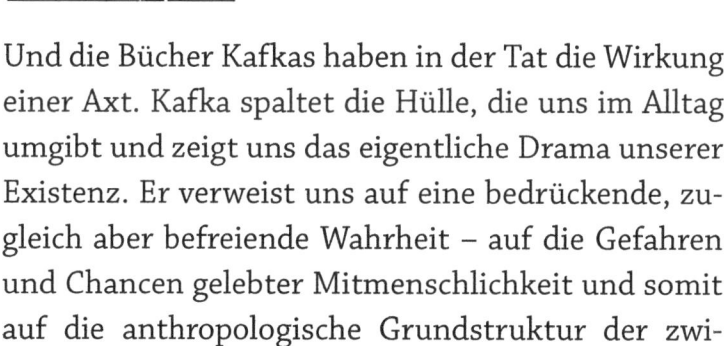

Wir brauchen [...] Bücher, die auf uns wirken wie ein Unglück, das uns sehr schmerzt, wie der Tod eines, den wir lieber hatten als uns, wie wenn wir in Wälder verstoßen würden, von allen Menschen weg, [...] ein Buch muß die Axt sein für das gefrorene Meer in uns.[9]

Und die Bücher Kafkas haben in der Tat die Wirkung einer Axt. Kafka spaltet die Hülle, die uns im Alltag umgibt und zeigt uns das eigentliche Drama unserer Existenz. Er verweist uns auf eine bedrückende, zugleich aber befreiende Wahrheit – auf die Gefahren und Chancen gelebter Mitmenschlichkeit und somit auf die anthropologische Grundstruktur der zwischenmenschlichen Beziehung.

Kafkas Wahrheit wird im Folgenden anhand seiner Novellen, Kurzgeschichten und Romane aufgezeigt.

Worin besteht das Schicksal seiner Protagonisten? Woran zerbrechen sie? Gibt es ein wiederkehrendes oder gar durchgängiges Motiv des Scheiterns? Warum kennen wir dieses nur allzu gut aus unseren eigenen Erfahrungen und Träumen? Kann man aus dem Modus des Scheiterns umgekehrt auf den Modus einer gelingenden Existenz schließen? Gibt uns Kafka am Ende den Schlüssel zum Verständnis der ontologischen Struktur zwischenmenschlicher Beziehung?

In jedem Fall entführt er uns in jeder seiner Erzählungen auf eine Reise – eine Reise in unser inneres Selbst.

Kafkas Kerngedanke

Die Verwandlung – ein Unding der Liebe

Die vielleicht meist gelesene und weltweit bekannteste Erzählung Kafkas trägt den bezeichnenden Titel *Die Verwandlung*. Legendär ist bereits der erste Satz:

Als Gregor Samsa eines Morgens aus unruhigen Träumen erwachte, fand er sich in seinem Bett zu einem ungeheueren Ungeziefer verwandelt.[10]

Der angestellte Handelsreisende Gregor Samsa liegt hilflos auf dem eigenartig harten Rücken und sieht erstaunt auf seinen neuen Körper mit den zappelnden dünnen Beinchen. Erst nach zahlreichen vergeblichen Versuchen gelingt es ihm, sich mit Schwung

über seinen runden Rückenpanzer aus dem Bett
zu rollen und auf die Beine zu kommen. Allerdings
schafft er es nicht, sich aufzurichten, um den Tür-
schlüssel umzudrehen und herauszutreten. Es bleibt
ihm auch keine Zeit, sich an den neuen Körper zu gewöhnen. Der Prokurist seiner Firma verschafft sich
bereits Zutritt zum Haus und stellt ihn wegen seiner
Verspätung durch die noch verschlossene Zimmer-
tür zur Rede:

> „Herr Samsa," rief [...] der Prokurist mit
> erhobener Stimme, „was ist denn los? Sie
> verbarrikadieren sich da in Ihrem Zimmer,
> [...] machen Ihren Eltern schwere, unnötige

> Sorgen und versäumen — dies
> nur nebenbei erwähnt — Ihre
> geschäftlichen Pflichten in einer
> eigentlich unerhörten Weise. [...]
> Und Ihre Stellung ist durchaus
> nicht die festeste.[11]

Gregor bittet darum, seine Unpässlichkeit zu ent-
schuldigen, er würde alles wiedergutmachen, doch

seine Stimme klingt auf der anderen Seite der Türe piepsig und verzerrt, fast wie eine Tierstimme:

„Haben Sie auch nur ein Wort verstanden?" fragte der Prokurist die Eltern, „er macht sich doch wohl nicht einen Narren aus uns?". „Um Gottes willen," rief die Mutter […], „er ist vielleicht schwer krank" […].

"Grete! Grete!" schrie sie dann. „Mutter?" rief die Schwester von der anderen Seite. […] „Du mußt augenblicklich zum Arzt.[12]

Als Gregor durch die Türe hört, dass ein Arzt und zudem ein Schlosser verständigt werden sollen, um ihn zu befreien und zu kurieren, ist er zunächst sehr froh, ja geradezu erleichtert:

Er fühlte sich wieder einbezogen in den menschlichen Kreis und erhoffte von beiden, vom Arzt und vom Schlosser […] großartige und überraschende Leistungen.[13]

Wenn es ihm nur gelingen würde, das Zimmer zu verlassen, würde man ihn wieder in die Gemeinschaft aufnehmen. Doch das Gegenteil ist der Fall. Als er nämlich die Türe endlich mit seinem Kiefer entriegeln und herauskrabbeln kann, wird er keineswegs, wie erhofft, „wieder in den menschlichen Kreis einbezogen". Stattdessen reagiert die Mutter mit blankem Entsetzen, der Prokurist verlässt panikartig das Haus und der Vater treibt ihn mit einem Stock zurück in sein Zimmer:

> Kein Bitten Gregors half, kein Bitten wurde auch verstanden, er mochte den Kopf noch so demütig drehen, der Vater stampfte nur stärker mit den Füßen [...] und stieß Zischlaute aus, wie ein Wilder. Nun hatte aber Gregor noch gar keine Übung im Rückwärtsgehen, es

> ging wirklich sehr langsam. [...] aber er fürchtete sich, den Vater durch die zeitraubende Umdrehung ungeduldig zu machen, und jeden Augenblick drohte ihm doch von dem Stock in des Vaters Hand der tödliche Schlag auf den Rücken oder auf den Kopf.[14]

Schließlich gelingt es Gregor, sich doch irgendwie umzudrehen und zurück zu rennen. Doch sein Körper ist zu breit für die schmale Tür. Er müsste sich zuerst, wie schon beim Heraustreten, am Türstock aufrichten, auf die Hinterbeine stellen und dann Stück für Stück hindurchtänzeln. Doch er spürt, dass die Geduld des Vaters eine so aufwendige Aktion nicht mehr zulassen würde:

Niemals hätte er auch die umständlichen Vorbereitungen gestattet, die Gregor brauchte, um sich aufzurichten [...]; es klang schon hinter Gregor gar nicht mehr wie die Stimme bloß eines einzigen Vaters; nun gab es wirklich keinen Spaß mehr, und Gregor drängte sich — geschehe

was wolle — in die Tür. [...] bald steckte er fest [...], die Beinchen auf der einen Seite hingen zitternd oben in der Luft, die auf der anderen waren schmerzhaft zu Boden gedrückt – da gab ihm der Vater von hinten einen jetzt wahrhaftig erlösenden starken Stoß, und er flog, heftig blutend, weit in sein Zimmer hinein.[15]

Mit der Verwandlung Gregors ändert sich über Nacht nicht nur sein Leben, sondern auch das der ganzen Familie. Hatte Gregor durch seine gewissenhafte und fleißige Tätigkeit als Handelsreisender beziehungsweise als Vertreter für Textilstoffe viele Jahre lang den Eltern und seiner Schwester ein komfortables Leben ermöglicht, eine große Wohnung, eine Putzfrau und eine Köchin bezahlt, musste die Familie nun wieder selbst für ihren Lebensunterhalt sorgen.

Grete hofft anfangs noch auf eine baldige Heilung und Rückverwandlung ihres Bruders. Sie bringt ihm verschiedene Nahrungsmittel wie Milch, Speisereste und Marmelade, die er zu sich nehmen kann. Doch auch sie vermeidet es, ihn zu sehen, wenn sie das Tellerchen bringt.

Gregor hat dafür größtes Verständnis, schließlich ist ihm bewusst, dass sich die Familie erst an seine neue, zunächst bestimmt schreckenerregende, Gestalt gewöhnen muss. Auch akzeptiert er, dass die Familie ihn in seinem Zimmer einsperrt, da sie ja nicht wissen kann, wie friedlich und voller Liebe er nach wie vor ist. Die Schwester kündigt ihre Essenslieferungen jedes Mal vorher an, indem sie laut mit dem Schlüssel rasselt. Gregor versteckt sich dann unter dem Kanapee, um ihr seinen Anblick zu ersparen. Als sie einmal früher als üblich hereinkommt und er nicht so schnell verschwinden kann, weicht sie erschreckt zurück:

> Er erkannte daraus, daß ihr sein Anblick noch immer unerträglich war und auch weiterhin unerträglich bleiben müsse [...].[16]

Seine Mutter, die bisher auf Anraten der Familie „vernünftigerweise" darauf verzichtet hat, ihren Sohn zu besuchen, fällt sofort in Ohnmacht, als sie Gregor beim Ausräumen von Möbeln dann doch einmal begegnet. Gregor ist bewusst aus seinem Versteck gekommen, um sich bemerkbar zu machen und zu verhindern, dass sein Zimmer gänzlich leergeräumt wird. Obwohl die Familie es wie immer gut meint und er tatsächlich keine Möbel mehr brauchen kann, will er zumindest ein Bild behalten. Er fürchtet, in einem völlig kahlen Raum „seiner Menschlichkeit beraubt" zu werden. Doch seine Schwester hat dafür kein Verständnis. Sie wird Zeuge, wie sich Gregor trotzig auf ein am Boden liegendes Bild setzt und die Mutter deshalb in Ohnmacht fällt:

„Du, Gregor!" rief die Schwester mit erhobener Faust und eindringlichen Blicken. Es waren seit der Verwandlung die ersten Worte, die sie unmittelbar an ihn gerichtet hatte.[17]

Der aus der Arbeit heimkehrende Vater ist ebenfalls verärgert. Als er von seiner Tochter erfährt, Gregor wäre „ausgebrochen", treibt er ihn sofort wütend ins Zimmer zurück. Dabei wirft er ihm einen Apfel hinterher, der Gregor aber nur streift und an seinem runden Rücken abgleitet:

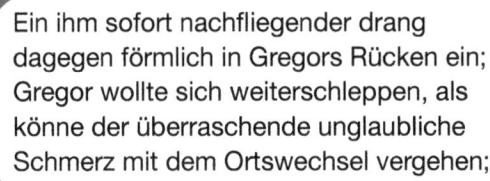

Ein ihm sofort nachfliegender drang dagegen förmlich in Gregors Rücken ein; Gregor wollte sich weiterschleppen, als könne der überraschende unglaubliche Schmerz mit dem Ortswechsel vergehen;

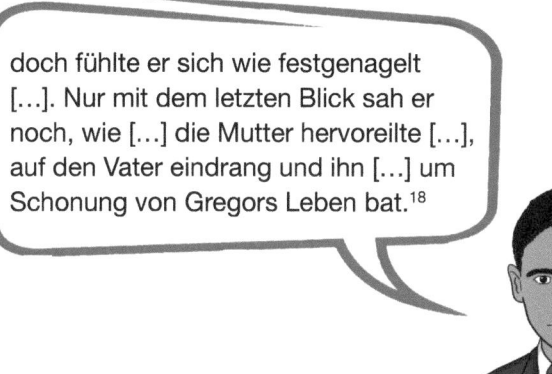

doch fühlte er sich wie festgenagelt [...]. Nur mit dem letzten Blick sah er noch, wie [...] die Mutter hervoreilte [...], auf den Vater eindrang und ihn [...] um Schonung von Gregors Leben bat.[18]

Der Vater besinnt sich allerdings in den folgenden Tagen eines Besseren und wird versöhnlicher. Er sieht nämlich, dass sich Gregor aufgrund der schmerzenden Rückenverletzung nur noch wie ein Invalide seitlich fortbewegen kann. Die Wunde um den Apfel herum entzündet sich zusehends, aber kein Familienmitglied hat den Mut, ihn wieder herauszuziehen:

Die schwere Verwundung Gregors [...]

schien selbst den Vater daran erinnert zu haben, daß Gregor trotz seiner gegenwärtigen traurigen und ekelhaften Gestalt ein Familienmitglied war, das man nicht wie einen Feind behandeln durfte, sondern dem gegenüber es das Gebot der Familienpflicht war, den Widerwillen hinunterzuschlucken und zu dulden, nichts

als zu dulden. Und wenn nun auch Gregor durch seine Wunde an Beweglichkeit wahrscheinlich für immer verloren hatte, so bekam er für diese Verschlimmerung seines Zustandes einen seiner Meinung

nach vollständig genügenden Ersatz dadurch, daß immer gegen Abend die Wohnzimmertür […] geöffnet wurde, so daß er im Dunkel seines Zimmers liegend, vom Wohnzimmer aus unsichtbar, die ganze Familie beim beleuchteten Tische sehen und ihre Reden […] anhören durfte.[19]

Dieses Zugeständnis, zumindest passiv wieder am Familienleben teilhaben zu können, schätzt Gregor sehr. Es lässt ihn hoffen, führt aber schließlich erst recht in die Katastrophe. Eines Abends hört er nämlich, wie seine Schwester Violine spielt. Sie hatte das Spielen nach seiner Verwandlung komplett aufgegeben. Gregor ist von ihrem nun wiedereinsetzenden Spiel sehr gerührt. Er fühlt sich so stark zu ihr hingezogen, dass er sich aus dem Dunkel seines Zimmers herauswagt:

Er war entschlossen, bis zur Schwester vorzudringen, sie am Rock zu zupfen und ihr dadurch anzudeuten, sie möge doch mit ihrer Violine in sein Zimmer kommen, denn niemand lohnte hier das Spiel so, wie er es lohnen wollte. [...] und er wollte ihr dann anvertrauen, daß er die feste Absicht gehabt habe, sie auf das Konservatorium

zu schicken, [...] wenn nicht das Unglück dazwischen gekommen wäre [...]. Nach dieser Erklärung würde die Schwester in Tränen der Rührung ausbrechen, und Gregor würde sich bis zu ihrer Achsel erheben und ihren Hals küssen [...].[20]

Diese Erwartung und der Zauber ihres Spiels lassen noch einmal all seine Lebensgeister erwachen und beflügeln ihn. Hoffnungsvoll schiebt er sich langsam an die geliebte Schwester heran, wird von ihr aber schon in einiger Entfernung entdeckt:

Die Violine verstummte […]. „Liebe Eltern", sagte die Schwester und schlug zur Einleitung mit der Hand auf den Tisch, „so geht es nicht weiter. […] Ich will vor diesem Untier nicht den Namen meines Bruders aussprechen, und sage daher bloß: wir müssen versuchen, es loszuwerden. Wir haben das Menschenmögliche versucht, […] es kann uns niemand den geringsten Vorwurf machen."[21]

Die Mutter wird kurzatmig, beginnt zu zittern und verstummt angesichts des Vorschlags, Gregor „loszuwerden". Sogar der Vater zögert etwas und schlägt vor, den Versuch zu unternehmen, mit Gregor eine diesbezügliche Übereinkunft zu treffen, sofern man sich mit ihm noch verständigen könne. Doch die Schwester bleibt dabei:

> Weg muß es [...] das ist das einzige Mittel, Vater. Du mußt bloß den Gedanken loszuwerden suchen, daß es Gregor ist. [...] Wenn es Gregor wäre, er hätte längst eingesehen, daß ein Zusammenleben von Menschen mit einem solchen Tier nicht möglich ist, und wäre freiwillig fortgegangen.[22]

Gregor, überrascht von der Reaktion seiner Schwester, schleppt sich zurück ins Zimmer. Kaum angekommen, bemerkt er, wie die Schwester, die zunächst erschreckt zwei Schritte zurückgewichen war, ihm nun doch unbemerkt gefolgt sein muss. Denn sie schließt hinter ihm sofort die Türe zu und sagt: „Endlich!". Gregor wundert sich, dass ihm der Weg in das Wohnzimmer unter den Klängen der Musik so unglaublich leichtgefallen ist, während ihn der Rückweg, wie er jetzt feststellt, seine letzte Kraft gekostet hat:

> Er machte bald die Entdeckung, daß er sich nun überhaupt nicht mehr rühren konnte.[23]

Vor Erschöpfung sackt er zusammen. Aber zu seiner Erleichterung spürt er, wie in diesem Moment gleichzeitig auch die Schmerzen verschwinden, die ihm in den letzten Wochen jede Bewegung zur Qual gemacht haben:

> Den verfaulten Apfel in seinem Rücken und die entzündete Umgebung, die ganz von weichem Staub bedeckt waren, spürte er schon kaum. An seine Familie dachte er mit Rührung und Liebe zurück. Seine Meinung darüber, daß er verschwinden müsse, war womöglich noch

> entschiedener, als die seiner Schwester. In diesem Zustand leeren und friedlichen Nachdenkens blieb er [...]. Dann sank sein Kopf ohne seinen Willen gänzlich nieder, und aus seinen Nüstern strömte sein letzter Atem schwach hervor.[24]

Als die Putzfrau ihn am anderen Morgen findet, denkt sie zunächst, er stelle sich schlafend oder „spiele den Beleidigten". Dann aber wird sie neugierig, kitzelt ihn mit dem Besen. Als er nicht reagiert, ärgert sie sich und stößt den Besenstiel etwas in Gregor hinein. Als er wieder nicht reagiert, schiebt sie seinen vertrockneten Leib mehrmals hin und her, bis sie merkt, dass er tot ist. Triumphierend überbringt sie der Familie die gute Nachricht und ruft mit lauter Stimme:

„Sehen Sie nur mal an, es ist krepiert; da liegt es, ganz und gar krepiert!"[25]

Ebenso legendär wie der erste Satz der Verwandlung ist auch der Schlusssatz. Nachdem nämlich die Eltern und die Schwester über die neue Situation mehr als erleichtert sind, beschließen sie, an diesem Tag nicht zur Arbeit zu gehen. Sie versenden Entschuldigungen an ihre Arbeitgeber und fahren mit der Straßenbahn ins Grüne. Die Frühlingssonne scheint hell durch das Fenster und sie stellen zufrieden fest, dass sie eigentlich ganz gute Anstellungen haben. Auch freut sich die Familie, bald in eine preiswertere, kleinere, aber dafür besser gelegene Wohnung umzuziehen. Wie sie so dahinfahren, liegen die Blicke der Eltern auf ihrer, von der Sonne beschienenen, Tochter. Sie war herangereift, würde bald heiratsfähig und eine gute Partie machen:

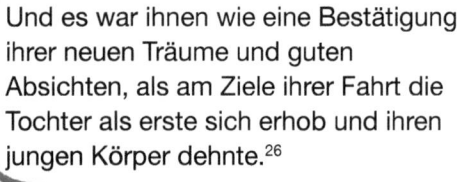

Und es war ihnen wie eine Bestätigung ihrer neuen Träume und guten Absichten, als am Ziele ihrer Fahrt die Tochter als erste sich erhob und ihren jungen Körper dehnte.[26]

Mit dem Bild des „sich dehnenden jungen Körpers" setzt Kafka einen letzten Kontrast zum vertrockneten und staubigen Leichnam Gregors. Kafkas Kurzgeschichte *Die Verwandlung* bedarf letztlich keiner Interpretation. Sie ist selbsterklärend. Die äußere Handlung beschreibt die Verwandlung des Angestellten Gregor Samsa in einen Käfer. Die innere Handlung – und auf die kommt es Kafka an – zeigt uns die psychologischen Folgen. Mit seiner Funktion als Vertreter und Ernährer der Familie verliert Gregor Samsa zugleich auch jede zwischenmenschliche Zuneigung. Anfangs noch geduldet, wendet sich die Stimmung bald gegen ihn: Er wird eingesperrt, exkommuniziert und am Ende totgesagt:

Weg muß es [...].[27]

Die Geschichte *Die Verwandlung* gelangte zu Weltruhm. Sie ist deshalb so ergreifend, weil der Protagonist Gregor Samsa bis zum Schluss „mit Rührung und Liebe" seiner Familie verbunden bleibt, obwohl diese seine Zuwendung in keiner Weise mehr erwidert. Im Kern zeigt uns Kafka hier ein Unding der Liebe.

Der Steuermann – jeder ist austauschbar

Auch in der kurzen Erzählung *Der Steuermann* löst sich eine jahrelange Beziehung von einem Moment auf den anderen in Luft auf. Ähnlich wie Gregor Samsa wird auch der Steuermann seiner Funktion und damit zugleich seiner Existenzberechtigung beraubt. Die Geschichte ist kurz und prägnant:

„Bin ich nicht Steuermann?" rief ich. „Du?" fragte ein dunkler hochgewachsener Mann und strich sich mit der Hand über die Augen, als verscheuche er einen Traum. Ich war am Steuer gestanden in der dunklen

Nacht, die schwachbrennende Laterne über meinem Kopf, und nun war dieser Mann gekommen und wollte mich beiseiteschieben. Und da ich nicht wich, setzte er mir den Fuß auf die Brust und trat mich

langsam nieder, während ich noch immer an den Naben des Steuerrades hing und beim Niederfallen es ganz herumriß.

Da aber faßte es der Mann, brachte es in Ordnung, mich aber stieß er weg. Doch ich besann mich bald, lief zu der Luke, die in den Mannschaftsraum führte und rief: „Mannschaft! Kameraden! Kommt schnell! Ein Fremder hat mich vom Steuer

vertrieben!" Langsam kamen sie, stiegen auf aus der Schiffstreppe, schwankende müde mächtige Gestalten. „Bin ich der Steuermann?" fragte ich. Sie nickten,

aber Blicke hatten sie nur für den Fremden, im Halbkreis standen sie um ihn herum und, als er befehlend sagte: „Stört mich nicht", sammelten

sie sich, nickten mir zu und zogen wieder die Schiffstreppe hinab. Was ist das für Volk! Denken sie auch oder schlurfen sie nur sinnlos über die Erde?[28]

Diese Geschichte zeigt eindrucksvoll, was passiert, wenn die Gemeinschaft, in diesem Fall die Mannschaft des Schiffes, keine Verwendung mehr für einen ihrer Vertrauensmänner hat. *Der Steuermann* hofft vergebens auf die Verbundenheit und Solidarität seiner „Kameraden", obwohl er diese mehr als verdient hätte. Denn genau wie Gregor Samsa jeden Tag in seine Arbeit geht und verlässlich für das Wohl der Familie sorgt, hält auch der Steuermann tagein tagaus das Schiff auf Kurs. Er bewahrt seine Kameraden vor Untiefen, Kollisionen und schützt sie vor dem Ertrinken. Die Seeleute können sich hundertprozentig auf ihn verlassen. Er ist für sie da – ihr Steuermann eben. Doch dann kommt der Moment, an dem er ihre Unterstützung bräuchte:

Bin ich der Steuermann?[29]

Zunächst nicken die Seeleute zustimmend, aber anstatt den Eindringling zu entfernen, bleiben sie passiv und teilnahmslos. Als der Fremde befehlend sagt: „Stört mich nicht", akzeptieren sie es klaglos und steigen wieder hinab.

Kafkas Geschichte wird auf dreierlei Weise interpretiert. Zum einen ökonomisch: Jeder von uns ist in der modernen Gesellschaft austauschbar. Sobald wir in einer Firma, einem Konzern oder Verein durch einen anderen verdrängt oder ersetzt werden, erweist sich jede zuvor erlebte Verbundenheit und jedes uns entgegengebrachte Vertrauen als Illusion. Das gilt für Mitarbeiter ebenso wie für Führungskräfte. Das Motto „Der König ist tot, es lebe der König!" gilt heutzutage in der Arbeitswelt vielleicht sogar noch mehr als früher im Absolutismus.

Nach einer zweiten Lesart hat die Geschichte eine primär politische Botschaft, die uns Kafka im letzten Satz als Quintessenz hinterlässt:

Was ist das für Volk! Denken sie auch oder schlurfen sie nur sinnlos über die Erde?[30]

Damit kritisiert er das Verhalten der Seeleute, die ohne zu denken sinnlos durchs Leben gehen. Es scheint sie überhaupt nicht zu kümmern, welche Ziele und welche Fähigkeiten der neue Steuermann vorzuweisen hat. Er hat sie allein durch sein autoritäres Auftreten überzeugt, durch die Selbstverständlichkeit, mit der er seinen Machtanspruch vorträgt. Die Geschichte *Der Steuermann* wird daher oft als Warnung an die Demokratie verstanden, die Denkfähigkeit der Bürger nicht zu überschätzen. Sie lassen sich viel zu schnell von autoritären Persönlichkeiten beeindrucken, wenn diese entsprechend auftreten.

Drittens gibt es eine autobiografische Interpretation, wonach Kafka in der Geschichte seine persönliche Vaterbeziehung aufarbeitet. Dieser Interpretation zufolge beschreibt er sich selbst als den Steuermann, dessen eigener Kurs und Lebensweg von seinem herrischen Vater rabiat durchkreuzt und unmöglich gemacht wird.

Wenn man aber alle drei Interpretationen außer Acht lässt und sich auf den reinen Inhalt konzentriert, wird in dieser Geschichte wieder ein sehr einfacher und selbsterklärender Hinweis auf die Struktur zwischenmenschlicher Beziehung gegeben. Vertrauen und füreinander einstehen ist auf hoher See die Grundlage der Gemeinschaft. Und doch war das jahrelange Einstehen des Steuermanns für seine Mannschaft nichts wert. Seine Kameraden, mit denen er sich verbunden fühlte, ließen ihn ebenso schnell fallen, wie die Familie Gregor Samsa fallen ließ. Es fehlt an echter Nähe und vielleicht gab es sie nie. Das ist der eigentliche Skandal der Geschichte.

Ein Hungerkünstler – verehrt, verkannt, vergessen

Um fehlende Nähe geht es auch in Kafkas Erzählung *Ein Hungerkünstler*. Der Titel mag uns heutzutage etwas verwundern, aber zur Zeit Kafkas, also um die Jahrhundertwende von 1880 bis etwa 1920 gab es zahlreiche sogenannte „Hungerkünstler", die ihren Lebensunterhalt und den ihres Impresarios mit „Schauhungern" verdienten. Sie ließen sich in Glaskästen und Käfigen auf Marktplätzen oder in Gemeindesälen ausstellen und hungerten oft wochenlang unter großer Anteilnahme der Bevölkerung. Sie nahmen lediglich Wasser zu sich und wurden auch nachts rund um die Uhr bewacht. Gegen Eintrittsgeld konnte man sie bestaunen. In den Tageszeitungen erfuhr man die jeweils neuesten Nachrichten über ihren Zustand. Einige dieser Künstler waren sogar Berühmtheiten, tingelten durch ganz Europa und hatten den Ruf, übernatürliche Kräfte zu besitzen. Zu dieser Zeit wusste man noch nicht, dass extrem langes Fasten eine euphorisch halluzinatorische Wirkung hat, die das Hungergefühl aussetzen lässt. Der damals bekannteste Hungerkünstler, der Kafka wahrscheinlich als Vorlage gedient hat, war Arnold Ehret. Er hungerte 1909 in einem Glaskasten

49 Tage lang, damals Weltrekord. Allerdings gab es auch schon erste Lichtspielhäuser, erste Radioapparate, Riesenräder und andere moderne Attraktionen, so dass das Interesse am „Schauhungern" langsam, aber stetig nachzulassen begann.

Kafkas Geschichte thematisiert diese Zeitenwende. *Ein Hungerkünstler* wird zunächst in der Zeitung abgedruckt und später zur Titelgeschichte von Kafkas letztem Buch, einem Sammelband, der kurz vor seinem Tod im Jahr 1924 zusammen mit drei weiteren Geschichten erscheint. Darin beschäftigt er sich mit dem Verhältnis von Zuschauern und Künstlern. Diese brauchen einander, verstehen sich aber nicht und bleiben einander fremd. Auch der Hungerkünstler wird im Laufe der Geschichte verkannt:

[…] während er für die Erwachsenen oft nur ein Spaß war, an dem sie der Mode halber teilnahmen, sahen die Kinder staunend, mit offenem Mund, […]

> wie er bleich, im schwarzen Trikot, mit mächtig vortretenden Rippen [...] auf hingestreutem Stroh saß [...], angestrengt lächelnd Fragen beantwortete, auch durch das Gitter den Arm streckte, um seine Magerkeit befühlen zu lassen [...].[31]

Um auszuschließen, dass er heimlich Nahrung zu sich nimmt, wird der Hungerkünstler in der Nacht von Karten spielenden Fleischhauern bewacht, welche der Impresario eigens dafür angeheuert hat. Am liebsten sind dem Hungerkünstler aber diejenigen Wächter, die sein Fasten genau beobachten. Wenn sie aus irgendeinem Grund einige Zeit wegsehen, überwindet er seine Schwäche und beginnt zu singen, um jeden möglichen Betrugsverdacht von sich abzuwenden.

Dennoch gibt es in der Bevölkerung immer wieder Gerüchte, dass er in der Nacht heimlich Nahrung zu sich nimmt oder sogar die Wächter besticht:

[…] niemand also konnte aus eigener Anschauung wissen, ob wirklich ununterbrochen fehlerlos gehungert worden war; nur der Hungerkünstler selbst konnte das wissen, nur er also gleichzeitig der von seinem Hungern vollkommen befriedigte Zuschauer sein.[32]

Doch im Unterschied zu manchen Scharlatanen aus der Hungerkünstlerbranche fastet der Hungerkünstler in Kafkas Geschichte aus purer Leidenschaft. Es fällt ihm nämlich nicht einmal schwer:

Er allein nämlich wußte, […], wie leicht das Hungern war. Es war die leichteste Sache von der Welt.[33]

Da er gerne weiterhungern will, ärgert er sich über seinen Impresario, der sein Hungern prinzipiell auf vierzig Tage begrenzt und ihn dann mit einem großen Zeremoniell, einer Blaskapelle und zwei aus dem Publikum ausgelosten Begleitdamen aus dem Käfig befreit. Zwei Ärzte überprüfen seinen Gesundheitszustand, wiegen ihn und rufen die Ergebnisse mit einem Megafon in die staunende Menge. Dann folgt jedes Mal der große Auftritt des Impresarios:

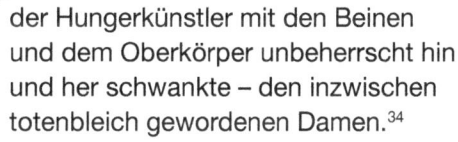

Der Impressario [...] faßte den Hungerkünstler um die dünne Taille, wobei er durch übertriebene Vorsicht glaubhaft machen wollte, mit einem wie gebrechlichen Ding er es hier zu tun habe; und übergab ihn – nicht ohne ihn im geheimen ein wenig zu schütteln, so daß der Hungerkünstler mit den Beinen und dem Oberkörper unbeherrscht hin und her schwankte – den inzwischen totenbleich gewordenen Damen.[34]

Diese geleiten ihn zu einem Tisch, an dem er dann sein erstes Essen eingeflößt bekommt. Dabei ist die routinemäßige Beschränkung des Spektakels auf vierzig Tage rein kaufmännischer Natur, da der Impresario weiß, dass nach vierzig Tagen das Interesse des zahlenden Publikums nachlässt. Das aber will der Hungerkünstler nicht gelten lassen:

> Warum gerade jetzt nach vierzig Tagen aufhören? [...] Warum wollte man ihn des Ruhmes berauben, weiter zu hungern.[35]

Da er sich aber wie alle Künstler in den Dienst des Kulturbetriebes stellen muss, gibt er widerwillig die immer gleiche Vorstellung und wird über die vielen Jahre immer trauriger. Allerdings bleibt der Grund seiner Traurigkeit, dass er nämlich niemals länger als vierzig Tage hungern darf, den Zuschauern gänzlich verborgen:

> Und wenn sich einmal ein Gutmütiger fand, der ihn bedauerte und ihm erklären wollte, daß seine Traurigkeit

> wahrscheinlich von dem Hungern käme, konnte es [...] geschehn, daß der Hungerkünstler mit einem Wutausbruch antwortete und zum Schrecken aller wie ein Tier an dem Gitter zu rütteln begann.[36]

Sein Impresario bestraft den Hungerkünstler für diese Unbeherrschtheit, indem er dem Publikum erklärte, dass seine Reizbarkeit eben nur die Folge des immensen Hungergefühls sei, das sich satte Menschen nicht einmal annähernd vorstellen könnten und die man ihm deshalb verzeihen müsse. Dann verkauft der Impresario wie jeden Tag Bilder, die den Hungerkünstler am vierzigsten Tag erschöpft auf dem Bett liegend zeigen:

> Diese dem Hungerkünstler zwar wohlbekannte, immer aber von neuem ihn entnervende Verdrehung der Wahrheit war ihm zuviel.[37]

Und als zudem die Besucherzahlen immer geringer werden, trennt er sich vom Impresario. Der Hungerkünstler arbeitet jetzt in Eigenregie bei einem Zirkus, der ihn als Zusatz-Attraktion in einem Käfig neben den Tieren ausstellt. Für jeden Tag, den er hungert, wird eine entsprechende Zifferntafel an seinen Käfig gehängt. In den Pausen der Zirkusvorstellungen drängen sich die Leute zu den Stallungen und kommen so zwangsläufig an ihm vorbei, doch nach und nach schwindet auch das Interesse an dieser Pausenunterhaltung. Die Leute wollen lieber Raubkatzen sehen. Da er im Unterschied zu den Zirkustieren keinerlei Nahrung benötigt, gerät er den Pflegern aus dem Blick und wird vergessen:

[...] das Täfelchen mit der Ziffer der abgeleisteten Hungertage, das in der ersten Zeit sorgfältig täglich erneut worden war, blieb schon längst immer das gleiche, denn nach den ersten Wochen war das Personal selbst

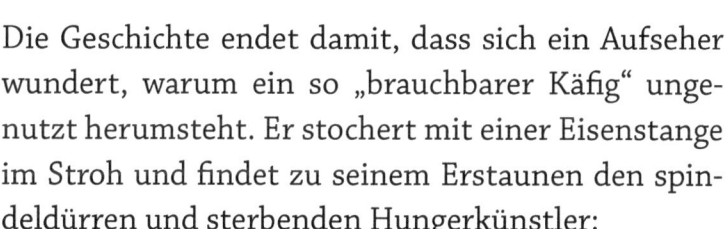

dieser kleinen Arbeit überdrüssig geworden; und so hungerte zwar der Hungerkünstler weiter, wie er es früher einmal erträumt hatte, aber niemand zählte die Tage, niemand [...] wußte, wie groß die Leistung schon war, und sein Herz wurde schwer.[38]

Die Geschichte endet damit, dass sich ein Aufseher wundert, warum ein so „brauchbarer Käfig" ungenutzt herumsteht. Er stochert mit einer Eisenstange im Stroh und findet zu seinem Erstaunen den spindeldürren und sterbenden Hungerkünstler:

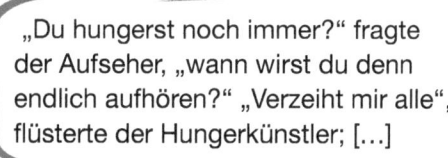

„Du hungerst noch immer?" fragte der Aufseher, „wann wirst du denn endlich aufhören?" „Verzeiht mir alle", flüsterte der Hungerkünstler; [...]

„Immerfort wollte ich, daß ihr mein Hungern bewundert […]. Ihr sollt es aber nicht bewundern" […]. „Nun, dann bewundern wir es also nicht," sagte der Aufseher, „warum sollen wir es denn nicht bewundern?" „Weil ich hungern muß, ich kann nicht anders", sagte der Hungerkünstler.[39]

Dann kommt die Schlüsselstelle der Geschichte. Der Aufseher dreht sich zu den Tierpflegern, tippt sich mit dem Finger an die Stirn und signalisiert damit, dass der Hungerkünstler wohl verrückt geworden sei. Er gibt sich diesem gegenüber aber weiterhin sehr interessiert:

„Da sieh mal einer," sagte der Aufseher, „warum kannst du denn nicht anders?" „Weil ich", sagte der Hungerkünstler, […] „nicht die Speise finden konnte, die mir schmeckt. Hätte ich sie gefunden, glaube mir, ich hätte kein Aufsehen gemacht und mich vollgegessen wie du und alle." Das waren die letzten Worte [...].[40]

Der dann folgende Schluss der Geschichte erinnert stark an *Die Verwandlung*. Genau wie dem vertrockneten Leib Gregor Samsas der „sich dehnende junge Körper" der Schwester gegenübergestellt wird, ersetzt am Ende eine vor Kraft strotzende junge Raubkatze den verschrumpelten Leib des Hungerkünstlers:

„Nun macht aber Ordnung!" sagte der Aufseher, und man begrub den Hungerkünstler samt dem Stroh. In den Käfig aber gab man einen jungen Panther. Es war eine [...] fühlbare Erholung, in dem so lange öden Käfig dieses wilde Tier sich herumwerfen zu sehn. […] und die Freude am Leben kam mit derart starker Glut aus seinem Rachen, daß es für die Zuschauer nicht leicht war, ihr standzuhalten.[41]

Zu der Erzählung *Ein Hungerkünstler* gibt es, wie immer zu Kafkas Werken, zahlreiche Interpretationen. So litt der Autor selbst zeitweise unter Essstörungen, war Vegetarier und sympathisierte mit Kliniken, die Fastenmethoden praktizierten. Darüber hinaus ist die grundsätzliche Situation des Hungerkünstlers, aus einem inneren Zwang heraus handeln zu müssen, eine Spiegelung von Kafkas eigenem künstlerischen Ambitionen. Darauf verweist unter anderem die Schlüsselstelle, als der Hungerkünstler gesteht, warum er hungert:

„Weil ich hungern muß, ich kann nicht anders" […].[42]

Die Bewunderung durch das Publikum ist demzufolge für den Hungerkünstler zweitrangig. Er muss hungern. Auch Kafka schreibt, wie er sagt, weil er schreiben muss und nicht anders kann. Viele seiner Geschichten waren tatsächlich nicht für das Publikum bestimmt. Vermutlich hat er einige vernichtet. Ferner hat er verfügt, nach seinem Tod weitere zu vernichten, woran sich sein Freund und Nachlassverwalter Max Brod aber nicht gehalten hat.

Fazit: Auch wenn der selbstauferlegte Drang des Künstlers zum Hungern im Fokus der Erzählung steht, ist es am Ende doch wieder eine Geschichte des sozialen Scheiterns und ein Hinweis auf die unhintergehbare Struktur zwischenmenschlicher Beziehung. Der Hungerkünstler wird schon in Zeiten des Erfolges niemals wegen seiner Eigentlichkeit anerkannt und erst recht nicht mehr, nachdem er gesteht, dass er hungern muss. Im Gegenteil, er wird als Geisteskranker gebrandmarkt.

Es wird mehr über ihn geurteilt als mit ihm gesprochen. Sei es, dass Zuschauer ihm Schwindel bei der Anzahl seiner Hungertage unterstellen und niemand seine Ehrlichkeit anerkennt oder der Impresario dem Publikum erklärt, der Hunger habe ihn so reizbar gemacht. Er bleibt letztendlich immer ein beschautes und beurteiltes Objekt.

Was den Hungerkünstler am Ende aber das Leben kostet, ist nicht das Verkennen seiner Kunst als Schwindel oder Geisteskrankheit, sondern das völlige Ausbleiben jedweder Form von Anteilnahme. Er wird „vergessen", nicht nur als Künstler, sondern als Mensch.

Der Proceß: angeklagt, aber von wem und warum?

Auch Kafkas Roman *Der Proceß* beginnt mit einem legendären Satz, der in die Literaturgeschichte eingegangen ist:

> Jemand mußte Josef K. verleumdet haben, denn ohne daß er etwas Böses getan hätte, wurde er eines Morgens verhaftet.[43]

Tatsächlich kreist der ganze Roman um die zunehmend ausweglose Situation des Bankangestellten

Herrn K., der in seinem dreißigsten Lebensjahr eines Morgens von einer undurchschaubaren Behörde beschuldigt und in die Enge getrieben wird. Seine Fragen warum und auf wessen Anklage hin, werden ihm nicht beantwortet. Die Geschichte beginnt damit, dass drei schwarz gekleidete Herren in seine Wohnung eindringen. Sie geben sich als „Wächter" zu erkennen und teilen ihm mit, er wäre verhaftet. Herr K. kann es zunächst nicht fassen:

Was waren denn das für Menschen? […] Welcher Behörde gehörten sie an? K. lebte doch in einem Rechtsstaat, überall herrschte Friede, alle Gesetze bestanden aufrecht, wer wagte, ihn in seiner Wohnung zu überfallen?[44]

Eilig sucht er nach seinem Ausweis und hält ihn den Fremden demonstrativ entgegen:

53

„Hier sind meine Legitimationspapiere, zeigen Sie mir jetzt die Ihrigen und vor allem den Verhaftbefehl." „Du lieber Himmel!" sagte der Wächter, „daß Sie sich in Ihre Lage nicht fügen können […], daß Sie mit uns, den Wächtern, über Legitimation […] diskutieren. Wir sind niedrige Angestellte, […] trotzdem aber sind wir

fähig, einzusehn, daß die hohen Behörden, in deren Dienst wir stehn, ehe sie eine solche Verhaftung verfügen, sich sehr genau über die Gründe der Verhaftung und die Person des Verhafteten unterrichten. Es gibt darin keinen Irrtum.[45]

Die Aussage, dass es keiner schriftlichen Legitimation bedarf, da jeder Irrtum ausgeschlossen ist, provoziert Herrn K. noch mehr, da er sich keiner Schuld bewusst ist. Als er zu schimpfen beginnt und unterstellt, man erlaube sich mit ihm wohl einen üblen Scherz, fragt ihn der Aufseher streng, ob er das alles wirklich nur für einen Spaß halte. Herr K. lenkt ein:

„Ich will also nicht sagen, daß es ein Spaß ist." „Ganz richtig," sagte der Aufseher [...]. „Andererseits aber," fuhr K. fort [...], kann die Sache auch nicht viel Wichtigkeit haben [...]. Welche Behörde führt das Verfahren? Sind Sie Beamte? Keiner hat eine Uniform [...].[46]

Der Aufseher weist ihn zurecht, dass es ihm nicht zustehe, die Kleidung der Wächter zu beurteilen. Wenn er so weiter mache, stehe es bald noch viel schlechter um ihn:

„ [...] denken Sie lieber mehr an sich. Und machen Sie keinen solchen Lärm mit dem Gefühl Ihrer Unschuld [...]."[47]

Trotz seiner „Verhaftung" wird Herrn K. schließlich erlaubt, zur Arbeit zu gehen und das Haus zu verlassen. Die Wächter ziehen sich zurück. Einige Tage später bekommt Herr K. den Anruf, er habe sich am Sonntag zu einer ersten Voruntersuchung einzufinden, aber seltsamerweise nicht in einem Gerichtsgebäude, sondern in einer Seitenstraße der Vorstadt. Eine Uhrzeit und eine genaue Zimmernummer werden ihm nicht genannt. Als er dort eintrifft, muss er durch ein Labyrinth von Gängen, bis er endlich den Untersuchungsraum findet. Im Saal befindet sich bereits eine große Ansammlung von Menschen. An einem Schreibtisch am Ende des Saales sitzt anscheinend der Untersuchungsrichter. Zumindest ermahnt er Herr K. umgehend wegen seiner Verspätung und fragt ihn, ob er Herr Zimmermaler sei. Herr K. verteidigt sich empört:

„Ihre Frage Herr Untersuchungsrichter ob ich Zimmermaler bin [...] ist bezeichnend für die ganze Art des Verfahrens [...]."[48]

Er nimmt die Verwechslung seiner Person zum Anlass für eine leidenschaftliche Rede, in der er ausführlich und detailliert seine völlig unbegründete Verhaftung und die Eröffnung des Prozesses ohne schriftliche Anklage kritisiert. Er will die vielen Zuhörer damit wachrütteln und auf seine Seite ziehen. Schließlich sei er Opfer eines undurchschaubaren Getriebes, das jederzeit auch für alle anderen Bürger gefährlich werden kann:

[...] es ist kein Zweifel, daß hinter allen Äußerungen dieses Gerichtes, in meinem Fall also hinter der Verhaftung und der heutigen Untersuchung eine große Organisation sich befindet [...] mit [...] Schreibern, Gendarmen und andern Hilfskräften, vielleicht sogar

Henkern, ich scheue vor dem Wort nicht zurück. Und der Sinn dieser großen Organisation, meine Herren? Er besteht darin, daß unschuldige Personen verhaftet und gegen sie ein [...] wie in meinem Fall ergebnisloses Verfahren eingeleitet wird.[49]

Hatte Herr K. zu Beginn seiner Rede noch vereinzelt Zustimmung bekommen, bleibt es jetzt totenstill. Suchend blickt er in die ernsten Gesichter der schwarz gekleideten Männer und macht eine erschreckende Entdeckung:

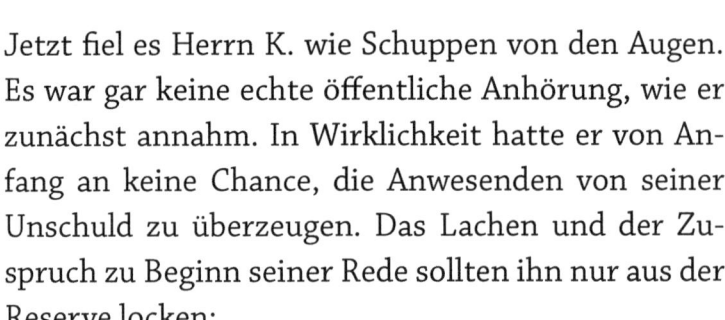

Alle hatten diese Abzeichen, soweit man sehen konnte. Alle gehörten zu einander, die scheinbaren Parteien rechts und links, und als er sich plötzlich umdrehte, sah er die gleichen Abzeichen am Kragen des Untersuchungsrichters [...].[50]

Jetzt fiel es Herrn K. wie Schuppen von den Augen. Es war gar keine echte öffentliche Anhörung, wie er zunächst annahm. In Wirklichkeit hatte er von Anfang an keine Chance, die Anwesenden von seiner Unschuld zu überzeugen. Das Lachen und der Zuspruch zu Beginn seiner Rede sollten ihn nur aus der Reserve locken:

„So," rief K. und warf die Arme in die Höhe, die plötzliche Erkenntnis wollte Raum, – „ihr seid ja alle Beamte, wie ich sehe, ihr seid ja die korrupte Bande, gegen die ich sprach."[51]

Herr K. verlässt fluchtartig den Saal. Mit seinem On-kel, der ihm helfen will, sucht er bald darauf einen Anwalt auf. Doch der Anwalt liegt gerade krank im Bett und stellt ihm und dem Onkel seine Rechtsge-hilfin und Krankenpflegerin Leni vor. Während der Onkel mit dem Anwalt über die seltsame Anklage spricht, lockt Leni Herrn K. unter einem Vorwand ins Nebenzimmer. Sie verspricht, ihm bei seinem Prozess persönlich zur Seite zu stehen und zu helfen. Dabei setzt sie sich auf seinen Schoß und verführt ihn. Herr K. lässt sich auf sie ein, sagt aber, dass er durch solcherlei erotische Abschweifungen von der Lösung seines Prozesses abgelenkt werden könnte:

„Das ist nicht der Fehler, den Sie machen," sagte Leni,
„Sie sind zu unnachgiebig, so habe ich es gehört."
„Wer hat das gesagt?" fragte K., er fühlte ihren Körper
an seiner Brust und sah auf ihr reiches dunkles fest
gedrehtes Haar hinab. „Ich würde zuviel verraten, wenn

ich das sagte," antwortete Leni.
„Fragen Sie bitte nicht nach Namen,
stellen Sie aber Ihren Fehler ab […],
gegen dieses Gericht kann man
sich ja nicht wehren, man muß das

Geständnis machen […]. Erst dann
ist die Möglichkeit, zu entschlüpfen,
gegeben, erst dann. Jedoch selbst
das ist ohne fremde Hilfe nicht
möglich, wegen dieser Hilfe aber
müssen Sie sich nicht ängstigen, die
will ich Ihnen selbst leisten."[52]

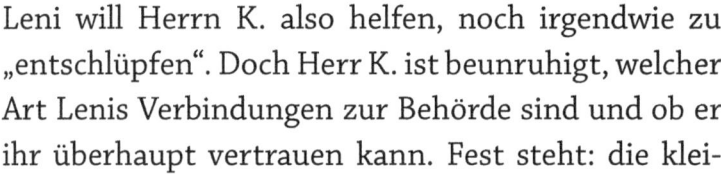

Leni will Herrn K. also helfen, noch irgendwie zu
„entschlüpfen". Doch Herr K. ist beunruhigt, welcher
Art Lenis Verbindungen zur Behörde sind und ob er
ihr überhaupt vertrauen kann. Fest steht: die klei-

ne Pflegerin Leni weiß aus irgendeinem Grund viel mehr vom Ablauf seines Prozesses als er selbst. Zum anderen kann Herr K. gar nicht, wie Leni ihm rät, ein Geständnis ablegen, um so zu entschlüpfen. Er weiß ja nicht mal, was er gestehen soll. Außer zu Leni nimmt Herr K. noch zu zwei weiteren Frauen, unter anderem zur Frau des Gerichtsdieners, erotische Beziehungen auf. Auch sie wollen sich für seine Sache einsetzen. Er muss aber jedes Mal fürchten, dass auch sie am Ende doch für die Gegenseite arbeiten. Als der Anwalt mit seiner Eingabe nicht vorankommt, da er keinen Akteneinblick erhält und gegen unbekannte Vorwürfe nur schwer eine Eingabe formulieren kann, trennt sich Herr K. von seinen Diensten. Gleichzeitig beendet er die Affäre mit seiner obskuren Helferin Leni. Er wird zunehmend misstrauisch:

War es der Prozeß, der ihn so hin und her warf und ihn nicht erkennen ließ, wo Freund und wo Feind war.[53]

Herr K. vereinsamt zusehends, denn er weiß nicht mehr, wem er überhaupt noch trauen kann. In einer Kirche findet er schließlich Beistand bei einem Geistlichen, der erstaunlicherweise vom Prozess des Herrn K. weiß und sogar ehrlich zugibt, selbst „zum Gericht zu gehören". Herr K. erhofft sich von ihm endlich Klarheit und offenbart ihm seine Sorge über den Ausgang des Prozesses:

„Früher dachte ich es müsse gut enden," sagte K., „jetzt zweifle ich. [...] Weißt du es?" „Nein," sagte der Geistliche, „aber ich fürchte, es wird schlecht enden. Man hält [...] Deine Schuld für erwiesen."

„Ich bin aber nicht schuldig," sagte K. [...] Wie kann denn ein Mensch überhaupt schuldig sein. Wir sind hier doch alle Menschen, einer wie der andere." „Das ist richtig," sagte der Geistliche, „aber so pflegen die Schuldigen zu reden."[54]

Statt Herrn K. zu raten, was er tun soll, erzählt ihm der Geistliche nur ein Gleichnis von einem Bauern, der endlich die Wahrheit über Schuld und Unschuld wissen will. Der Bauer gelangt auf seiner Suche zum Tor einer „goldenen Halle" und bittet den Wächter um „Eintritt in das Gesetz", aber der Wächter verweigert ihm den Zugang und gibt ihm stattdessen nur einen Schemel, um zu warten. „Dort", so erzählt der Geistliche weiter

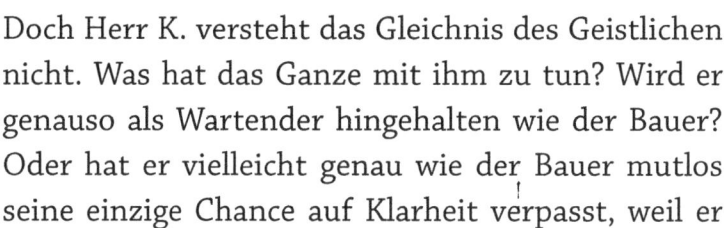

„sitzt er Tage und Jahre […]. Vor seinem Tode sammeln sich in seinem Kopfe alle Erfahrungen der ganzen Zeit zu einer Frage […]. „Wie so kommt es, daß in den vielen Jahren niemand außer mir Einlaß verlangt hat."

Der Türhüter erkennt, dass der Mann schon am Ende ist, und um sein vergehendes Gehör noch zu erreichen, brüllt er ihn an: „Hier konnte niemand sonst Einlass erhalten, denn dieser Eingang war nur für Dich bestimmt. Ich gehe jetzt und schließe ihn."[55]

Doch Herr K. versteht das Gleichnis des Geistlichen nicht. Was hat das Ganze mit ihm zu tun? Wird er genauso als Wartender hingehalten wie der Bauer? Oder hat er vielleicht genau wie der Bauer mutlos seine einzige Chance auf Klarheit verpasst, weil er akzeptiert hat, dass er wie alle anderen geduldig auf den Prozess warten muss? Fest steht nur, dass sich für den Bauern im Gleichnis die Tür zur Erkenntnis für immer geschlossen hat. Herr K. bleibt ratlos zurück. Auch er kommt zu keiner Erkenntnis und erfährt nichts über seinen Prozess. Schließlich wird er am Vorabend seines einunddreißigsten Geburtstages um neun Uhr abends von zwei schwarz gekleideten Schergen abgeholt:

„Sie sind also für mich bestimmt?" fragte er. Die Herren nickten […]. Er gieng zum Fenster und sah noch einmal auf die dunkle Straße.[56]

Die Schergen führen ihn zur Urteilsvollstreckung in einen Steinbruch am Rande der Stadt. Sie legen ihn auf eine Steinplatte und ziehen ein großes Fleischermesser heraus. Herr K. sieht, wie sie eine Zeit lang die Qualität der Klinge prüfen:

Wo war der Richter, den er nie gesehen hatte? [...]. Er hob die Hände und spreizte alle Finger. Aber an K's Gurgel legten sich die Hände des einen Herrn, während der andere das Messer ihm ins Herz stieß und zweimal dort drehte.[57]

Mit brechendem Auge bringt Herr K. einen letzten Satz hervor, der zugleich die Erzählung beendet:

„Wie ein Hund!" sagte er, es war, als sollte die Scham ihn überleben.[58]

Er stirbt also ‚wie ein Hund'. Im Grunde genommen wird er geschlachtet wie ein Tier, ohne jede Erklärung. Kafka setzt als Autor die Leser derselben Ohnmacht und Unwissenheit aus wie seinen Protagonisten Herrn K. Wir erfahren bis zum Schluss nicht, weshalb und auf wessen Geheiß Herrn K. der Prozess gemacht wird. Jeder kann und muss sich selbst seinen Reim darauf machen.

Natürlich drängt sich bei dieser Geschichte als erstes die soziologisch politische Interpretation auf, wonach *Der Proceß* eine erschreckend präzise Vorahnung der Missachtung jeder Menschenwürde im Totalitarismus ist. So erinnert bereits die überfallartige Verhaftung durch zivile Männer in schwarzen Mänteln, die sich nicht mal ausweisen und ihn am Ende liquidieren, an Gestapo-Praktiken.

Auch die Entdeckung von Herrn K., dass im Untersuchungsgebäude, in dem er „angehört" wird, letztlich nur Menschen mit denselben Parteiabzeichen sind, die sich dann auch noch von Handzeichen des Richters lenken lassen, kann als Vorahnung der Gleichschaltung im Faschismus gesehen werden. Mit erstaunlicher Präzision nimmt Kafka auch die spätere Überwachungspraxis und Bespitzelung in Diktaturen vorweg, wenn er seinen Protagonisten Herrn K. die Erfahrung machen lässt, dass er prinzipiell allen Menschen, denen er begegnet, misstrauen muss, da sie allesamt Spitzel oder Parteigänger des Systems sein könnten.

Zweifellos ist das zentrale Motiv des Romans *Der*

Proceß eine fast schon nostradamisch anmutende Vorhersage der im 20. Jahrhundert folgenden Katastrophe. Kafka schrieb *Der Proceß* bereits 1915, also Jahre vor der Machtergreifung Hitlers. Zwar wurde er nach dem Ausbruch des Ersten Weltkriegs noch Zeuge der nationalistischen Stimmung, die er im Gegensatz zu vielen seiner Zeitgenossen nicht teilte. Auch sah er die zunehmenden Feindseligkeiten zwischen den tschechischen, deutschen und jüdischen Bevölkerungsgruppen in seiner Heimatstadt Prag, doch die von ihm vorweggenommene totalitäre Praxis bis hin zum Mord war in der Donaumonarchie noch in keiner Weise absehbar.

Als Max Brod, sein Freund und Nachlassverwalter, drei Jahre nach Kafkas Tod 1927 in Wiesbaden einen Vortrag hielt, erhob sich ein junger Student im Saal von seinem Platz und rief dazwischen: „Wissen Sie, dass man unser Jahrhundert einmal das Jahrhundert Kafkas nennen wird?"[59] In der Tat hatte dieser Zwischenruf etwas Wahres, da Kafka die Entrechtung und Ohnmacht der Menschen in den totalitären Massengesellschaften vorweggenommen hat. Wenn Philosophen wie Theodor W. Adorno und Hannah Arendt später von der Entfremdung und anonymen Herrschaft der Bürokratie sprechen, hat uns Kafka bereits Jahrzehnte zuvor die entsprechenden

Details beschrieben. *Der Proceß* ist bis heute ein Schlüsseltext des 20. Jahrhunderts.

Soviel zur politischen Interpretation. Ebenso ergreifend aber wie seine diesbezüglichen Vorahnungen, sind auch seine phänomenologischen Entdeckungen bezüglich der Dynamik zwischenmenschlicher Beziehung. Sieht man *Der Proceß* unter diesem Aspekt, fällt auf, dass Herr K. am Anfang sehr wohl Widerstand gegen seine Verfolgung leistet, vehement auf die Unschuldsvermutung besteht und an sich glaubt. Er hält eine begeisternde Rede gegen Gesetzes- und Behördenwillkür und sucht Hilfe bei einem Anwalt. Doch als er mehr und mehr die Erfahrung macht, dass ihm niemand wirklich beisteht, dass ihm umgekehrt geraten wird, seine Schuld zu bekennen, den Prozess und das Urteil endlich zu akzeptieren, wird er unsicher. Die Verunsicherung steigert sich noch, als er erfährt, dass er, egal was er unternimmt, auf jeden Fall verurteilt werden wird. Bekannte seines Anwalts, so wird ihm versichert, seien in der Lage, aus der Form der Lippen abzulesen, ob einer schuldig ist oder nicht:

Diese Leute also haben behauptet, Sie würden, nach Ihren Lippen zu schließen, gewiß und bald verurteilt werden […]. „Meine Lippen?" fragte K., zog einen Taschenspiegel hervor und sah sich an. „Ich kann an meinen Lippen nichts Besonderes erkennen […]."[60]

Aber auch wenn er selbst an seinen Lippen nichts erkennen kann, ist sein Selbstbewusstsein danach massiv erschüttert. Der von allen akzeptierte, ohne sein Zutun voranschreitende Prozess schwebt über ihm wie ein Damoklesschwert. Durch die Unsicherheit aufgrund der drohenden Verurteilung verliert er schließlich alles, seine Arbeit als Prokurist, seinen Lebensmut und alle sozialen Kontakte:

War es der Proceß, der ihn so hin und her warf und ihn nicht erkennen ließ, wo Freund und wo Feind war?[61]

Aber warum hat er nicht wenigstens versucht, Widerstand zu leisten, als ihn die Schergen in der Wohnung abholten? Die Antwort ist einfach. Die ausweglose Dimension der zwischenmenschlichen Wirklichkeit hat es ihm nicht mehr erlaubt. Er wurde „totgesagt" und hat dieses Schicksal bereits verinnerlicht. Als sich zu Beginn der Hinrichtung im Steinbruch überraschend das Fenster eines in der Ferne sichtbaren Hauses öffnet, hofft er zwar noch einmal auf Hilfe, auf einen juristischen Einspruch oder auf neue Erkenntnisse, die seinem Fall eine überraschende Wendung geben könnten, erkennt aber bald, dass das Urteil planmäßig vollstreckt werden wird.

Was Herrn K. passiert, kann uns alle treffen. Jeder ist vom Urteil anderer Menschen abhängig. Wir erschaffen unsere Wirklichkeit nicht allein durch uns selbst, sondern erzeugen sie erst im Austausch mit anderen. Wenn alle sich darauf einigen, dass das Gras grün ist, ist es grün. Wenn alle sagen, der- oder diejenige ist schuldig, dann ist er oder sie schuldig. Wir sind den anderen ein Stück weit ausgeliefert. Natürlich werden wir nicht gleich aus der Bahn geworfen, wenn uns irgendjemand beschimpft oder verleumdet. Wenn es allerdings mehrere Leute sind, an deren Meinung uns etwas liegt, wird es schon schwieriger und wenn sich am Ende, wie im Fall von Herrn K., alle darüber einig sind, dass er verurteilt wird, bekommt diese Wahrheit eine irreversible und nicht mehr abweisbare Dynamik:

„Es gibt darin keinen Irrtum."[62]

Herr K. ergibt sich am Ende der gesellschaftlichen Wirklichkeit. Er weiß, dass das Urteil, obgleich es ungerecht und unbegründet ist, an ihm vollstreckt werden wird. Groteskerweise ist er aber immer noch so sehr ein Teil dieser Gesellschaft, dass er sich für die Art und Weise seiner Hinrichtung schämt. Sie ist eines Menschen unwürdig und gleicht mehr einer Abschlachtung als einer offiziellen Urteilsvollstreckung. Der Mensch, so die tragisch sarkastische Pointe von Kafkas Geschichte, fühlt sich noch im Tode und darüber hinaus jener Gesellschaft verpflichtet, deren Opfer er ist:

„Wie ein Hund!" sagte er, es war, als sollte die Scham ihn überleben."[63]

Fazit: Herr K. wird beschuldigt und ihm der Prozess gemacht. Er verfällt der Dynamik beschämender Andersartigkeit, da er als einziger im Unterschied zu den anderen angeklagt ist. Von Anfang an wissen die Menschen in seiner Umgebung und sogar Dritte davon. Aber nicht nur das. Sie halten es für unausweichlich, dass ihm der Prozess gemacht wird. Herr K. kann sich dieser intersubjektiven Wahrheit immer weniger entziehen. Nach anfänglichem Widerstand spürt und verinnerlicht er die Zwangsläufigkeit seiner Verurteilung. So folgt er am Ende fast widerstandslos den Anweisungen seiner Schergen und stirbt den sozialen Tod.

Das Urteil – wer nicht genügt, darf nicht sein

Georg Bendemann, die Hauptperson in *Das Urteil*, ist, wie so oft bei Kafka, ein junger, durchaus erfolgreicher Geschäftsmann. Georg scheint fest im Leben zu stehen und ist guter Dinge, da er bald heiraten wird. Das will er nun per Post auch seinem alten Freund mitteilen, der nach Russland ausgewandert ist. Bisher hatte er dem Freund gegenüber das freudige Ereignis und seine geschäftlichen Erfolge rücksichtsvoll verschwiegen, da dieser seit einigen Jahren privat und beruflich eine äußerst glücklose Phase durchläuft. Da ihn aber seine künftige Gemahlin dazu ermutigt und er zudem hofft, dass sich sein „guter Freund" trotz der eigenen Misere für sein Glück freuen wird, schreibt er es ihm jetzt in einem Brief. Bevor er das Schriftstück nach Petersburg schickt, will er aber noch den Ratschlag seines inzwischen ans Bett gefesselten, alten Vaters einholen. Doch dieser entgegnet ihm schroff und unvermittelt:

„Du hast keinen Freund in Petersburg [...]."[64]

Sein Freund, so der Vater, habe sich in der Zwischenzeit längst von ihm abgewandt, denn er habe als Vater die Pflicht gehabt, den Freund bereits vor Wochen in mehreren Briefen über die anstehende Heirat, die Übernahme des Familienbetriebes und seine ganze Unaufrichtigkeit in dieser Sache zu informieren:

Wohl kenne ich deinen Freund. Er wäre ein Sohn nach meinem Herzen. Darum hast du ihn auch betrogen die ganzen Jahre lang. Warum sonst?[65]

Georg ist entsetzt, als er hört, dass der Vater hinter seinem Rücken einen intensiven Briefwechsel mit seinem Freund hatte und dass dieser dem Vater sogar weitaus mehr am Herzen liegt als er selbst. Doch das ist noch nicht alles. Der gebrechliche Vater macht ihm nun, im Nachthemd, aus dem Bett heraus, eine ganze Reihe schwerster Vorwürfe. Georg habe ihn viel zu früh zum alten Eisen gelegt, aus dem Geschäft gedrängt und vernachlässigt, nur um sich selbst „ein schönes Leben" zu machen. Zudem hätte er mit der Wahl seiner nicht standesgemäßen Verlobten Schande über die ganze Familie gebracht. Er sei dem Mädchen blind verfallen:

„weil sie die Röcke so gehoben hat, die widerliche Gans", und er hob, um das darzustellen, sein Hemd so hoch, daß man auf seinem Oberschenkel die Narbe aus seinen Kriegsjahren sah, „weil sie die Röcke so und so und so gehoben hat, hast du dich

an sie herangemacht, […] unserer Mutter Andenken geschändet, den Freund verraten und deinen Vater ins Bett gesteckt, damit er sich nicht rühren kann."[66]

Georg hätte, so der Vorwurf des Vaters, sein ganzes Leben lang nur egoistisch an sich gedacht. Dafür würde er hier und jetzt die Quittung bekommen:

„Jetzt weißt du also, was es noch außer dir gab, bisher wußtest du nur von dir! Ein unschuldiges Kind warst du ja eigentlich, aber noch eigentlicher warst du ein teuflischer Mensch! – Und darum wisse: Ich verurteile dich jetzt zum Tode des Ertrinkens!"[67]

Georg ist zutiefst erschüttert, denn am Urteil des Vaters gibt es nichts zu deuten. Er hört und übernimmt es, ohne jeden Zweifel an seiner Berechtigung. In seinem Inneren fühlt er, dass er sein Leben verwirkt hat und im Fluss ertrinken muss. Er rennt aus dem Haus in Richtung der großen Brücke:

[...] zum Wasser trieb es ihn. Schon hielt er das Geländer fest, wie ein Hungriger die Nahrung. Er schwang sich über, [...] rief leise: „Liebe Eltern, ich habe euch doch immer geliebt", und ließ sich hinabfallen. In diesem Augenblick ging über die Brücke ein geradezu unendlicher Verkehr.[68]

Mit diesen Worten endet die Geschichte *Das Urteil*. Max Brod und einige andere Interpreten sehen im panikartigen Verlassen des Hauses und dem Sturz allerdings keinen tragischen Selbstmord, sondern umgekehrt die erfolgreiche Loslösung vom Elternhaus und den Eintritt in ein selbstbestimmtes Leben. Es gäbe nämlich, so Max Brod, am Ende der Geschichte keinen eindeutigen Hinweis darauf, dass Georg nach seinem Sprung von der Brücke auch wirklich ertrinkt. Der Fluss sei eine Metapher und stehe seit der Antike für einen Ort der Taufe, der Reinigung und der Wiedergeburt. Man könne und müsse *Das Urteil* deshalb als Emanzipationsgeschichte lesen.

Doch das ist nur eine von über 200 literaturtheoretisch untermauerten Analysen. *Das Urteil* gilt als das meist interpretierte Werk der deutschsprachigen Literatur. Einig sind sich die Interpreten lediglich darin, dass Kafka mit dem eskalierenden Vater-Sohn-Konflikt seine eigene problematische Beziehung zum Vater thematisiert hat. Dafür spricht auch eine Tagebuchnotiz, wonach er die Geschichte wie unter Zwang in einer einzigen Nacht verfasst hat:

[...] die Geschichte ist wie eine regelrechte Geburt mit Schmutz und Schleim bedeckt aus mir herausgekommen [...].[69]

Im Grunde verbietet es sich, den zahlreichen psychoanalytischen, hermeneutischen, diskursanalytischen und rezensionsästhetischen Interpretationen noch eine weitere, philosophische hinzuzufügen. Die hier vorgebrachte These, dass Kafka in seinem Werk immanent das Wesen der zwischenmenschlichen Beziehung beschreibt, ist letztlich aber keine weitere Interpretation, sondern nur die Feststellung eines evidenten Sachverhaltes. Und für diesen Sachverhalt spielt die spekulative Frage, ob Georg nach dem Ende der Geschichte im Fluss ertrinkt oder nicht, keine Rolle. Der Kerngedanke der Geschichte wird bereits vorher in aller Deutlichkeit ausgesprochen:

Der Sohn wird also vom Vater totgesagt, ganz ähnlich wie es Gregor in *Die Verwandlung* widerfährt. Das „Totsagen" ist der Höhepunkt des Entzugs jeder väterlichen Anerkennung, welche die Geschichte von Anfang bis Ende durchzieht. So werden die Leistungen des Sohnes verachtet, der gescheiterte Freund in Russland als „Herzenssohn" höher eingestuft als er selbst, seine gut gemeinte Rücksichtnahme auf den Freund als Feigheit und seine Verlobte als Schande für die ganze Familie abgetan. Die Geschichte kreist in ihrem Kern um die verweigerte Anerkennung des Sohnes in seinem gesamten Dasein.

Der Stachel der Geschichte ist aber nicht nur die Verweigerung eines wohlwollenden Zuspruchs, sondern die Umkehrung desselben im radikalen Vorwurf, missraten, egoistisch und „böse" zu sein. Es ist dieses „Urteil", das ihm am Ende den Boden unter den Füßen entzieht, so dass er sich selbst richtet.

Wie sein Protagonist Georg Bendemann hatte auch Kafka Probleme mit der ausbleibenden Anerkennung des Vaters. Kafka schildert diesen als ungebildeten, vitalen und willensstarken Mann, der sich zu einem erfolgreichen, aber herrischen Unternehmer emporgearbeitet hat. In seinem literaturhistorisch berühmt gewordenen „Brief an den Vater", den er bezeichnenderweise nie abgeschickt hat, kritisiert er ihn wegen seiner autoritären Erziehungsmethoden:

Du kannst ein Kind nur so behandeln, wie Du eben selbst geschaffen bist, mit Kraft, Lärm und Jähzorn, und in diesem Fall schien Dir das auch noch überdies deshalb sehr gut geeignet, weil Du einen kräftigen mutigen Jungen in mir aufziehn wolltest.[71]

Von den literarischen Ambitionen seines Sohnes hielt Kafkas Vater überhaupt nichts und wollte sich gar nicht erst damit befassen. Der Vater hätte, so Kafka, in seinem sich ständig vergrößernden Geschäft sein polterndes Domizil aufgeschlagen, seine Angestellten herumkommandiert und als „Vieh, Hunde" und „bezahlte Feinde"[72] bezeichnet. Über einen lungenkranken Waren-Kommissionierer, habe er in einem Wutanfall geschimpft:

„Er soll krepieren, der kranke Hund!"[73]

Und weiter heißt es im Brief an den Vater:

Du wirktest auf die Leute ebenso schrecklich wie auf mich.[74]

Der Vater, so Kafka, habe ihm schon in frühester Jugend vorgehalten, „keinen Geschäftssinn" zu haben, sich in „höhere Ideen" zu versteigen und letztlich ein Schwächling zu sein. Es werde, so des Vaters Prognose, „schlimm mit ihm enden". Die Folge dieser Erziehung beschreibt Kafka auf einem Notizzettel:

Man erkannte meine Eigentümlichkeit nicht an; da ich sie aber fühlte, mußte ich [...] mir gegenüber ein Aburteilen erkennen.[75]

Das Gefühl, vom Vater „abgeurteilt" zu werden, teilt Kafka also mit seinem Protagonisten Georg Bendemann. Es gibt keinen Zweifel, dass Kafka uns auch in der Erzählung *Das Urteil* wieder etwas ganz Einfaches zu verstehen gibt. Wenn wir in unserer Eigentlichkeit nicht anerkannt werden und über kurze oder längere Zeit keinerlei Zuspruch von einer Person bekommen, an deren Urteil uns gelegen ist, kann dies zu einer Beeinträchtigung unseres Selbstwertgefühls führen und in Extremsituationen sogar, wie im Fall von Georg Bendemann, zum Verlust der Daseinsberechtigung und des Lebenswillens.

Kafkas philosophischer Kerngedanke: Die Struktur der zwischenmenschlichen Beziehung

Kafka ist Schriftsteller und kein Philosoph, aber sein Kerngedanke ist zutiefst philosophisch. Er verweist uns messerscharf auf die ontologische Struktur der zwischenmenschlichen Beziehung. Der Begriff Ontologie setzt sich zusammen aus dem altgriechischen Wort ón = seiend und dem Wort lógos = Lehre. Ontologie heißt die „Lehre vom Seienden" und befasst sich mit unhintergehbaren Grundstrukturen der Wirklichkeit.

Kafkas gesamtes Werk ist ein durchgehender Hinweis auf die ontologische, unhintergehbare Struktur der zwischenmenschlichen Beziehung.[76] Er macht deutlich, was der Mensch zum Leben braucht, was ihm fehlt und was ihn existenziell bedroht, wenn es ihm vorenthalten wird. Der Mensch lebt nicht vom Brot allein. Er ist auf den Seins-Zuspruch, die Anerkennung und das Gewollt-werden durch die Anderen angewiesen. Dies gilt in besonderem Maße für Neuankömmlinge und Kinder. Aber auch im späteren Leben des Erwachsenen bleibt ein unsichtbares Band zwischen der eigenen Existenz und den anderen Menschen bestehen.

Kafka zeigt uns in seinen Erzählungen auf ergreifende Weise, worin dieses unsichtbare Band besteht, das Menschen auf einer tieferen Ebene miteinander verbindet. Seine „Helden" sind nämlich in allen Erzählungen und Romanen junge, erfolgreiche Menschen, die ihr Leben als Handelsvertreter, Steuermänner, Prokuristen, Hungerkünstler oder Geschäftsmänner zunächst ganz gut bewältigen, dann aber durch eine subtile, bisweilen auch radikale Exkommunikation jeden Boden unter den Füßen verlieren. Der Grund dafür ist jedes Mal die Erfahrung einer fundamentalen Nicht-Anerkennung ihrer Person, ein Unding zwischenmenschlicher Beziehung, das in den meisten seiner Erzählungen zum Tod des Protagonisten führt.

Natürlich sind wir im richtigen Leben, anders als Kafkas Figuren, nicht gleich tot, wenn wir von unseren Mitmenschen nicht mehr anerkannt, gemieden oder totgesagt werden und natürlich verwandeln wir uns auch kaum in einen Käfer. Auch verfügen manche von uns in der realen Welt über einen erstaunlich festen inneren Kern, der sie bisweilen ein Leben lang befähigt, mit Nicht-Anerkennung, Ablehnung, Kritik und sogar mit Todesdrohungen umgehen zu können. Zumindest können manche besser damit umgehen als andere.

Dennoch macht Kafka in seinem Werk eine philosophisch anthropologische Aussage, die strukturell für
alle Menschen zutrifft. Niemand kann sich ein Leben
lang von den anderen völlig unabhängig machen und
einzig und allein aus sich selbst heraus leben. Auch
der sagenumwobene Einsiedler, der anscheinend
niemanden zu seinem Glück braucht und selbstge-
nügsam lebt, hat Jahre zuvor dieses Selbst, auf das
er sich nun zurückzieht, in der lebendigen Gemeinschaft mit anderen erst entwickelt. Wolfskinder gibt
es nicht und auch Kaspar Hauser ist, wie inzwischen
nachgewiesen, nicht ohne jahrelange Zuwendung
aufgewachsen. Für menschliche Wesen gilt die fundamentale Tatsache: Niemand kann seine eigene
Sonne sein.

Kafka legt diese Wahrheit in seinen Geschichten
schonungslos offen. Dabei zeigt er uns das Wesen
der Struktur zwischenmenschlicher Beziehung aus
der Perspektive derjenigen, die sich im defizienten
Modus, also in einem Zustand mangelnder Anerkennung befinden. Und dennoch findet sich in all
seinen Geschichten ein verborgener philosophischer
Hinweis auf das Wesen der Beziehungshaftigkeit der
Menschen:

Untereinander sind sie durch Seile verbunden [...].[77]

Dabei stellt er keine logisch nachvollziehbare Theorie der zwischenmenschlichen Beziehung auf. Sartre und einige andere Philosophen haben diesen Versuch unternommen, konnten aber letztlich nicht zum innersten Kern von Beziehung durchdringen. Die Sphäre des Zwischenmenschlichen war für die gesamte Subjektphilosophie ohnehin ein sehr schwieriges Thema, wenn nicht sogar ein Tabubruch. Das Zwischenmenschliche als philosophisches Phänomen konnte und durfte es eigentlich gar nicht geben. Wenn nämlich, wie die klassische Subjektphilosophie behauptet, immer nur einzelne Subjekte auf die Welt und auf andere Subjekte zugehen und mit Hilfe ihres Denk- und Verstandesapparates Erkenntnisse über einander gewinnen, dann entsteht auch jede gesicherte Wahrheit über das Phänomen der „zwischenmenschlichen Beziehung" nur im Bewusstsein des einen Individuums oder eben seines Gegenübers. Phänomene wie Liebe, Anerkennung,

Nicht-Anerkennung entziehen sich aber weitgehend dieser logisch theoretischen Erfassung.

Kafka ist aber gerade deshalb so tief in das Wesen der Struktur zwischenmenschlicher Beziehung vorgedrungen, weil er als Schriftsteller die Schattierungen des Lebens tabulos verfolgt hat, auch und gerade jenseits aller Logik:

Ich prüfte die Wünsche, die ich für das Leben hatte [...]. Als wichtigster [...] ergab sich der Wunsch, eine Ansicht des Lebens zu gewinnen, in der das Leben zwar sein natürliches schweres Fallen und Steigen bewahre aber gleichzeitig mit nicht minderer Deutlichkeit als ein Nichts, als ein Traum, als ein Schweben erkannt werde.[78]

Aber nicht nur er selbst hatte als Schriftsteller den Wunsch, das Leben als Traum, als Schweben, als Stimmung zu erkennen. Auch der normale Mensch, so Kafka, setzt sich in den entscheidenden Momenten seines Lebens über jede Logik hinweg und verhält sich bar jeder Vernunft:

> Die Logik ist zwar unerschütterlich, aber einem Menschen der leben will, widersteht sie nicht.[79]

Kafka zeigt uns in immer neuen Anläufen das Bemühen seiner Protagonisten, einfach nur zu leben. Er führt uns dabei eindringlich ihre Sorgen und Probleme vor Augen, die sie vom logischen Standpunkt aus gar nicht haben dürften und die sie deshalb auch nicht rational auflösen können. In *Die Verwandlung* kämpft ein Mensch mit den letztlich tödlichen Folgen seiner Verwandlung in einen Käfer, einer Verwandlung, die logisch nicht erklärbar, ja eigentlich unmöglich ist. In der Erzählung *Der Steuermann* taucht völlig irrational, wie aus dem Nichts, ein Fremder an Deck des Schiffes auf und stößt den altgedienten Protagonisten vom Steuerrad weg, ohne dass die Mannschaft ihn verteidigt oder auch nur vermisst. In *Ein Hungerkünstler* wird der zuvor tausendfach bewunderte Protagonist einfach vergessen und mit dem Stroh weggekehrt. In *Der Proceß* irrt ein Angeklagter umher und findet keinerlei rationale Erklärung, von wem und warum er überhaupt angeklagt und am Ende hingerichtet wird. Und auch in *Das Urteil* geht es um die letztlich irrationale Reaktion des Sohnes auf das vom Vater verhängte „Todesurteil".

Aber gerade indem Kafka sich in seinen Erzählungen nicht mehr an die Routinen und Konventionen realer Abläufe hält, stattdessen traumartige Sequenzen, Gefühle und Stimmungen entwirft, nimmt er uns mit in eine Welt, in der sich auch unser Geist nicht mehr an Regeln und rationale Übereinkünfte halten kann:

Der Geist wird erst frei, wenn er aufhört, Halt zu sein.[80]

Kafkas philosophischer Kerngedanke entspringt also keiner rationalen Theorie, die man, wie andere philosophische Theorien, auf ihre logische Konsistenz hin analysieren kann. Dafür aber entführt er uns in eine Traumwelt, die uns gleichzeitig fremd und vertraut ist. Fremd, weil uns beispielsweise die Verwandlung in einen Käfer oder das völlig grundlose Verfolgt-werden durch eine Behörde bizarr und abwegig erscheint, vertraut, weil wir am Ende doch alle das Gefühl der Ablehnung und Ohnmacht kennen, sei es aus unseren Träumen oder aus der realen Welt. Und ebenso den inneren Kampf um die Vermeidung der Exkommunikation und Verurteilung. Kafka hat keine logische Theorie der Beziehung, aber er macht die Beziehungshaftigkeit unseres Daseins erfahrbar.

Zweifellos sind Kafkas Schriften phänomenologische Annäherungen an die verdrängte Wirklichkeit, dass wir alle in einer höchst zerbrechlichen Welt leben. Und das Epizentrum dieser Zerbrechlichkeit sind, so Kafka, unsere Beziehungen zu den Mitmenschen, da diese jederzeit unzulänglich, ignorant oder gar bedrohlich werden können.

Was aber nutzt uns diese Entdeckung heute? Kann man aus den fiktionalen Erzählungen Kafkas auf die dahinter liegende ontologische Struktur der zwischenmenschlichen Beziehung schließen? Worin besteht diese Struktur konkret? Ist das „Kafkaeske" am Ende sogar hilfreich?

Was nutzt uns Kafkas Entdeckung heute?

Exkommunikation und sozialer Tod bei Kafka, in der Ethnologie und der modernen Gesellschaft

Wenn man den Kerngedanken aus Kafkas Erzählung *Die Verwandlung* in einem Satz zusammenfassen wollte, könnte man sagen: Verwandle dich in einen Käfer und du bist tot. Der Grund für das Ableben des Gregor Samsa ist dabei aber nicht die physische Verwandlung in das Insekt, sondern die Folge der Reaktion seiner Familie auf diese Verwandlung. Als er seinen Job und damit die Funktion als Ernährer verliert, verliert er auch jede Anerkennung und Zuwendung. Und nicht nur das. Im Laufe der Geschichte wird immer deutlicher, dass er auch vorher nicht wirklich geliebt wurde. Kafka, der selbst vierzehn Jahre hauptberuflich Tag für Tag in einer Versicherung gearbeitet hat, schreibt bezeichnenderweise in einer anderen Erzählung:

[…] durch alle Arbeit erlangt man noch keinen Anspruch darauf, von allen mit Liebe behandelt zu werden […].[81]

Kafkas Protagonist, Gregor Samsa, wird nach seiner Verwandlung von der Familie zunächst noch „geduldet", bald aber weggesperrt, exkommuniziert und am Ende sogar totgesagt. Als er seine Schwester Violine spielen hört, keimt in ihm noch einmal Hoffnung auf. Er verlässt das Zimmer und sucht ihre Nähe. Doch sie ist entsetzt und fordert den Vater zum Handeln auf:

„Weg muß es […] Vater."[82]

Im Grunde ist dieser Satz Gregors Todesurteil. Zwar war er bereits vorher durch den faulenden Apfel in seinem Rücken geschwächt, dennoch hatte er noch eine zarte Hoffnung auf Genesung. Doch als er von der Familie unwiderruflich totgesagt wird, ist sein Schicksal besiegelt. Die Folge ist aber nicht, wie man erwarten könnte, dass er wütend wird, auch nicht, dass er aufgrund des brutalen Entzugs jeder Anteilnahme in Selbstmitleid verfällt. Im Gegenteil, die Forderung, dass er „weg muss", erscheint ihm mehr als berechtigt:

Seine Meinung darüber, daß er verschwinden müsse, war womöglich noch entschiedener, als die seiner Schwester.[83]

Genau wie Gregor Samsa in *Die Verwandlung* reagiert auch der Protagonist Georg Bendemann in der Erzählung *Das Urteil* nicht mit Aggression, sondern mit Verständnis, als ihn der Vater zum Tode durch Ertrinken verurteilt. Er setzt dem Urteil des Vaters im Grunde nichts entgegen:

[…] zum Wasser trieb es ihn. […] Er […] rief leise: „Liebe Eltern, ich habe euch doch immer geliebt", und ließ sich hinabfallen.[84]

Die hier beschriebene Verinnerlichung des „Totgesagt-werdens", bis hin zur Einsicht in die Notwendigkeit des Ablebens, ist im Grunde keine von Kafka erfundene fiktive Dramatisierung. Ethnologen und Ethnomediziner sprechen in diesem Zusammenhang vom Phänomen des „psychogenen Todes" oder des „sozialen Todes".[85]

In archaischen, von der modernen Zivilisation noch unberührten Naturvölkern wird dieses Phänomen noch heute beobachtet, so zum Beispiel in einigen Regionen Äquatorial- und Südafrikas, dem Nigergebiet, Neuguinea, Südaustralien und Samoa. Wird ein Stammesmitglied wegen eines Tabubruchs, beispielsweise einem Verstoß gegen das Inzestverbot, mit einem Todeszauber belegt, dann verstirbt es meist nach wenigen Tagen, ohne dass eine offensichtliche Todesursache festgestellt werden kann. Allerdings wird der betroffene Mensch zuvor totgesagt und isoliert. Da er sich, wie von Ärzten und Forscherteams beobachtet, in der Regel bis zum Schluss ernährt, wird angenommen, dass der Betroffene ab einem gewissen Zeitpunkt dem psychischen Druck nicht standhalten kann. Die den „Todeszauber" begleitenden Rituale, zum Beispiel die Verwendung von Fetischen im Voodoo-Kult, sind in den verschiedenen Ethnien durchaus unterschiedlich, gemeinsam aber ist all diesen Beschwörungspraktiken, dass der Betroffene weiß, dass er „totgesagt" ist und bald sterben wird.

Der renommierte französische Ethnologe Claude Lévi-Strauss hat dieses Phänomen folgendermaßen beschrieben: „[...] ein Individuum, das sich bewußt wird, Opfer einer Verhexung zu sein, ist aufgrund der feierlichsten Traditionen seiner Gruppe zutiefst überzeugt, dass es verdammt ist; Verwandte und Freunde teilen diese Gewißheit. Von da an zieht sich die Gemeinschaft zurück: man bleibt dem Verdammten fern, man verhält sich ihm gegenüber, als sei er nicht nur bereits tot, sondern ein Gefahrenherd für die ganze Umgebung; bei jeder Gelegenheit und durch alle Verhaltensweisen legt die Gesellschaft dem unglücklichen Opfer den Tod nahe, das dem, was es für sein unvermeidliches Los hält, gar nicht mehr entgehen möchte."[86]

Einige Zeit später, so Lévi-Strauss, zelebriert man feierlich die heiligen Riten, die den Totgesagten ins Schattenreich befördern sollen und verabschiedet sich von ihm. Nach dem Psychoterror tagelanger Isolation, dem Ausschluss von der Feldarbeit, der Jagd und jeder sozialen Teilhabe, steht der Exkommunizierte plötzlich noch einmal im Mittelpunkt der Gemeinschaft, was dann zu einer völligen emotionalen Überforderung führt. „Die physische Existenz setzt der Auflösung der sozialen Persönlichkeit keinen Widerstand mehr entgegen."[87]

Der Ethnologe Cannon vermutet als medizinische Todesursache bei rituellen Beschwörungen dieser Art einen durch Angstschock verursachten Herzstillstand.[88] Der Ethnomediziner Stumpfe hingegen hat bei den von ihm untersuchten „psychogenen Todesfällen" eher ein „undramatisches, ruhiges und langsames Verenden"[89] des Lebens festgestellt. Wie auch immer der medizinische Befund im Einzelnen

ausfällt, feststeht, dass das Phänomen des „psychogenen Todes", das Kafka in seinen Erzählungen beschreibt, keine Fiktion, sondern Teil der zwischenmenschlichen Wirklichkeit ist.

Solche Formen des „sozialen Todes" gibt es aber
nicht nur in archaischen Urgesellschaften. Kafkas
Beschreibungen des „Totsagens" finden wir auch im
20. Jahrhundert in Europa. In den Konzentrations-
lagern des Nationalsozialismus wurde den Häftlingen von der SS täglich zu verstehen gegeben, dass sie
minderwertige und nicht lebenswerte Wesen seien.
Auch sie wurden „totgesagt". Tatsächlich haben
dann auch einige Häftlinge ihren Lebenswillen verloren, wurden depressiv, apathisch und ergaben sich
irgendwann in das ihnen von der SS zugesprochene
Schicksal. Wenn ein resignierter Häftling dann nicht
mehr zum Morgenappell aus dem Bett kam, wurde
er sofort exekutiert. Deshalb versuchten einzelne
Mithäftlinge in so einem Fall, den apathischen Mit-
gefangenen aufzumuntern und irgendwie noch zum
Appell in den Hof mit hinauszunehmen, meistens
aber ohne Erfolg. Wir verdanken diese beklemmend
eindrucksvollen Schilderungen dem Psychoanalytiker Bruno Bettelheim, der als Jude ebenfalls inhaf-
tiert war.

Er berichtet, dass Kommunisten und Sozialdemokraten als „politische Gefangene" oft besser mit der ständigen Todesdrohung umgehen konnten, da sie wussten, dass sie sich im Kampf mit den Nazis befinden und gegen diese ebenfalls mit Waffengewalt vorgehen würden, sobald sie die Möglichkeit dazu hätten. Für die jüdischen Häftlinge war es hingegen völlig unbegreiflich, warum ihnen, nur weil sie Juden sind, gesagt wurde, dass sie sterben sollen. Sie verinnerlichten von Tag zu Tag die Botschaft der SS: „Dieser Zustand", so Bettelheim, „verschlimmerte sich zu einem beinahe autistischen Verhalten, wenn das Gefühl, das Verhängnis nicht aufhalten zu können, [...] überhand nahm [...]. Solche Leute wurden in den Lagern als ‚Muselmänner' bezeichnet, und diese ‚Muselmänner' wurden von den anderen Häftlingen gemieden, als hätten sie Angst, von ihnen angesteckt zu werden. Die Konnotation bestand hier darin, daß sich diese Leute widerstandslos dem Tod fügten. Als sei dies der Wille der SS (oder Allahs) [...]."[90]

Um nicht auch selbst die von der SS erzeugte Todesgewissheit zu verinnerlichen, schlossen sich einige Gefangene zu Gruppen zusammen, ermutigten sich gegenseitig und erschufen in den Baracken eine eigene Beziehungs-Wirklichkeit, die ihnen ermöglichte, die von der SS hergestellte Unwirklichkeit des Totgesagt-werdens zu überleben.

Auffällig war dabei aber, so Bettelheim, dass auch unter den jüdischen Gefangenen einige besser, andere schlechter mit dem Totgesagt-werden umgehen konnten. Er kommt in seinen Studien, die er nach der Befreiung des Lagers gemacht hat, zu dem Ergebnis, dass Menschen offensichtlich über eine unterschiedlich große „Seins-Sicherheit" verfügen. Manche konnten unter der Todesdrohung ihr Selbstwertgefühl nicht lange aufrechterhalten, brachen innerlich zusammen und starben den sozialen Tod. Andere waren erheblich resistenter. Aber warum? Hatten vielleicht einige von Natur aus, etwa genetisch bedingt, eine stabilere Selbst-Konstitution? Was ist überhaupt der Kern unseres Selbstgefühls? Was ist unser Selbst?

Erst Jahre später findet Bettelheim in Zusammenhang mit seinen Forschungen zum Phänomen des Autismus eine Antwort. Die autistischen Kinder und die „Muselmanen", denen er im Konzentrationslager begegnete, gleichen sich in einigen Verhaltensmustern. In seinem bis heute viel beachteten Buch *The Empty Fortress*, kommt er zu dem Ergebnis, dass autistische Kinder, ähnlich wie die KZ-Häftlinge, wohl in einer sehr frühen Phase ihres Lebens nicht gewollt, nicht ins Leben gerufen oder in manchen Fällen „totgewünscht" wurden. Um dennoch zu überleben und sich gegen die Todesangst zu schützen, haben sie eine Mauer um sich herum gebaut und eine innere Festung errichtet. Da sich aber, so Bettelheim, der Kern unseres „Selbstgefühls" in dieser frühen Phase erst im Austausch mit den Eltern und durch deren Zuspruch entwickelt, mussten diese Kinder eine Schutzmauer errichten, ohne zuvor die Chance gehabt zu haben, überhaupt einen starken Kern aufzubauen. Das Ergebnis ist eine „leere Festung", eine *„Empty Fortress"*[91], wie der Originaltitel von Bettelheims berühmten Buch über den Autismus heißt.

Die leere Festung sichert den Kindern zwar das Überleben, es fehlt ihnen aber die Fähigkeit, im späteren Leben auf ein gewachsenes Selbstgefühl zurückgreifen zu können. Dies ist aber notwendig, um mit der Welt und den Mitmenschen einen lebendigen und vertrauensvollen Austausch zu pflegen. Generell, so Bettelheims viel beachtetes Ergebnis, verdankt jeder Mensch, auch der Gesunde, sein späteres Selbstgefühl dieser frühen Mutter-Kind-Beziehung, was wiederum erklären würde, warum manche über eine stärkere Vitalität verfügen als andere.

Obgleich Bettelheim in seiner Klinik erstaunliche therapeutische Erfolge bei autistischen Kindern vorweisen konnte, wird bis heute in der Forschung diskutiert, inwieweit dem Autismus nicht doch auch genetische Faktoren zu Grunde liegen. Was uns Bettelheim aber in jedem Fall aufgezeigt hat, ist die Tatsache, dass der Mensch, wie Kafka sagt, „mit den anderen Menschen wie durch Seile verbunden ist" und deren Seins-Zuspruch benötigt. Reißt dieser Zuspruch ab und wird man von den anderen „totgesagt", hat dies fatale Folgen:

> Untereinander sind sie (die Menschen) durch Seile verbunden, und bös ist es schon, wenn sich um einen die Seile lockern und er ein Stück tiefer sinkt als die andern in den leeren Raum, und gräßlich ist es, wenn die Seile um einen reißen und er jetzt fällt.[92]

Die existenzielle Dimension des gegenseitigen Angewiesenseins beinhaltet natürlich nicht nur das Scheitern von Beziehungen bis hin zum freien Fall im „Totgesagt-werden", sondern auch umgekehrt die positive Seite zwischenmenschlicher Beziehung, die Kafka zwar niemals beschreibt, die aber im Verborgenen allen seinen Geschichten notwendig zu Grunde liegt. Das von ihm in allen Facetten beschriebene Drama des Scheiterns kann sich überhaupt erst auf dem Boden eines möglichen Gelingens erheben. Und das bedeutet: Die Menschen können sich gegenseitig anerkennen, vertrauen und in ihrem Sein bestätigen.

Kafka hat uns in den Schriften *Die Verwandlung* und *Das Urteil* mit dem Phänomen der „Exkommunikation" in der Familie und dem „Totgesagt-werden" durch die Schwester beziehungsweise durch den Vater die extremste Dimension des Zwischenmenschlichen aufgezeigt und diese auch noch fiktional überhöht. Auch im *Hungerkünstler* und im *Proceß* endet der systematische Ausschluss aus der Gesellschaft zwangsläufig mit dem Tod des Protagonisten. Im Roman *Der Proceß* erfährt Herr K., dass man bereits an der Form seiner Lippen ablesen kann, dass er schuldig ist und seine Verurteilung unausweichlich feststeht. Doch das, so könnte man sagen, sind ja nur erfundene Erzählungen und keine Wirklichkeit.

In der Regel wird heutzutage keiner von uns morgens in der Wohnung verhaftet, grundlos angeklagt und hingerichtet. Wir sind auch keine Hungerkünstler, die in einem Käfig vergessen werden und verhungern. Auch verwandelt sich keiner von uns über Nacht in einen Käfer, wird aus der Familie ausgeschlossen und tot gewünscht. Was Kafka damit aber erfahrbar macht, ist eine existenzielle Bedrohung, die jederzeit gesellschaftliche Realität werden kann. Obwohl die lebensgefährlichen Folgen einer Exkommunikation bis hin zum sozialen Tod aus der Ethnologie und aus der Psychologie inzwischen bekannt sind, werden sie bis heute angewandt, unter anderem im Personalwesen.

Will man einen unliebsamen Mitarbeiter loswerden, wird er „gemobbt". Um die Abfindung zu sparen, fordert man ihn unterschwellig auf, selbst zu kündigen. Man trennt ihn konsequent von seinen Kollegen, gibt ihm einen sinnlosen Job, der ihn unterfordert, bis er sich, völlig isoliert, im Internet in betriebsfremde Beschäftigungen flüchtet. Ertappt man ihn dabei, wird er gekündigt, wenn er nicht schon vorher wegen der psychischen Belastung durch die Exkommunikation zusammenbricht.

Ein drastisches Beispiel für den „sozialen Tod" in der modernen Gesellschaft ist das von der Staatsanwaltschaft ermittelte und dokumentierte Mobbing bei der Privatisierung der französischen Telecom. Um den Personalabbau zu beschleunigen, wurden Kündigungen durch Mobbingaktivitäten erzwungen. Betroffen waren fast vierzig Mitarbeiter, von denen von April 2008 bis 2010 laut Ermittlern mindestens 18 Selbstmord begingen, 13 weitere einen

Selbstmordversuch unternahmen. Insgesamt haben sich im Rahmen des dreijährigen Konzernumbaus 35 Mitarbeiter das Leben genommen. Der damalige Konzernchef Didier Lombard sagte in einer Zusammenkunft mit Angestellten wörtlich: „Ich drücke die Stellenstreichung durch. Die Leute gehen durch die Tür oder fliegen durchs Fenster raus."[93] Es gab daraufhin in Frankreich einen Prozess gegen die personalverantwortlichen Manager, der weltweites Aufsehen erregte und trotz schwieriger Rechtslage zu Haft- und Geldstrafen führte.

Das ist aber nur eines der wenigen juristisch aufgearbeiteten Beispiele für den sozialen Tod durch Mobbing, das um viele weitere ergänzt werden könnte. Sie zeigen allesamt, dass Kafka mit seinem Hinweis auf die existenzielle Angewiesenheit der Menschen auf den Zuspruch der anderen einen fundamentalen anthropologischen Zusammenhang erkannt hat. Der Mensch hat die Macht, dem anderen Menschen sein Dasein abzusprechen und ihn totzusagen. Er kann andere Menschen aber umgekehrt auch in ihrem Sein bestätigen und stärken. Diese philosophische Entdeckung Kafkas gilt es zu präzisieren.

Das Sprachexperiment des Kaisers, die moderne Hospitalismus-Forschung und Kafkas Wahrheit

Ein besonders eindringliches Experiment zur Bedeutung der zwischenmenschlichen Beziehung hat bereits im Mittelalter der Staufer-Kaiser Friedrich II unternommen. Durch die erhalten gebliebenen Aufzeichnungen des Chronisten Salimbene de Parma aus dem Jahre 1285 gelangte es zu trauriger Berühmtheit. Der Chronist berichtet nämlich, dass Friedrich II wissen wollte, in welcher Sprache Kinder von Natur aus zu sprechen beginnen, wenn niemand zuvor mit ihnen redet. Dazu ließ er Säuglinge aus allen Ländern seines Reiches entführen und in ein, für damalige Verhältnisse, luxuriöses und hygienisches Säuglingsheim bringen.

Dann, so der Chronist wörtlich, „befahl er Pflegemüttern und Ammen, die Kinder zu stillen, zu baden und zu waschen, aber in keiner Weise mit ihnen zu schwatzen oder zu sprechen, denn er wollte erfahren, ob sie die hebräische Sprache, welche die älteste war, sprechen würden, oder Griechisch oder Latein oder Arabisch oder vielleicht die Sprache ihrer Eltern [...]. Aber er mühte sich vergebens, denn alle diese Kinder starben. Denn sie vermochten nicht zu leben ohne die zärtlichen [...] und liebevollen Worte ihrer Pflegemütter."[94] Eine Reihe von Experimenten anderer Potentaten, die, um ganz sicher zu gehen, sogar taubstumme Ammen einsetzten, führten zum selben fatalen Ergebnis.[95]

Auch der Psychoanalytiker René Spitz kommt in seinen bahnbrechenden Forschungen zum „Hospitalimus"[96] zu dem Schluss, dass Neugeborene und Kleinkinder zum Überleben mehr benötigen, als nur die Sicherstellung ihrer biologischen Bedürfnisse. Er untersuchte Kinder, die aufgrund einer zeitweiligen Immunschwäche in Isolierzelten medizinisch versorgt und vor Infektionen geschützt werden mussten. Die zeitweilige Trennung von der Mutter in den ersten Lebensmonaten führte, so Spitz, trotz optimaler medizinischer Versorgung zu Todesfällen und lebensbedrohlichen Traumatisierungen, die, auch wenn die Kinder diese Phase überstanden hatten, ihr späteres Leben noch massiv beeinträchtigen. Nach dem Krankenhausaufenthalt waren die Kinder kaum ansprechbar, spielten nicht, fingen spät an zu sprechen, waren teilweise apathisch, teilweise aber auch aggressiv und hatten bis in die Pubertät und darüber hinaus schwere psychische Störungen, die man seit den Forschungen von René Spitz mit der Diagnose „Hospitalismus" bezeichnet.

Sowohl das Sprachexperiment des Stauferkaisers Friedrich II, als auch das Phänomen des Hospitalismus zeigen uns eines mit aller Deutlichkeit: „Der Mensch lebt nicht nur vom Brot allein." Der Satz stammt eigentlich aus der Bibel und besagt im religiösen Kontext, dass der Mensch für sein Überleben nicht nur auf Nahrung, sondern darüber hinaus auf den Beistand Gottes angewiesen ist. Im Zusammenhang mit dem Experiment des Kaisers und Kafkas Entdeckung der Struktur zwischenmenschlicher Beziehung als existenzieller Angewiesenheit, gewinnt der Satz aber eine zweite anthropologische Bedeutung jenseits aller Religion: Der Mensch lebt nicht vom Brot allein, er muss erst ins Dasein gerufen werden.

Zwar verfügt der Säugling bei seiner Geburt über alle lebenserhaltenden Systeme, kann atmen, trinken und sich bemerkbar machen. Auch liegt in jedem kleinen Menschen bereits das ganze Potential bereit, sich zu entfalten und zu entwickeln. So hat beispielsweise jeder Säugling von Anfang an die universelle Fähigkeit, jede beliebige Sprache zu erlernen. Ein Säugling bayerischer Eltern wird, wenn er in einer chinesischen Pflegefamilie aufwächst, später perfekt Mandarin sprechen und umgekehrt, aber zuallererst muss der kleine Mensch ins Leben gerufen werden.

Die im Neugeborenen bereitliegende Potentialität braucht existenziell diesen Zuruf. Auch Kafka hat dies erkannt. Er schreibt in sein Tagebuch:

Es ist sehr gut denkbar, daß die Herrlichkeit des Lebens um jeden und immer in ihrer ganzen Fülle bereit liegt […]. Ruft man sie mit dem richtigen Wort, beim richtigen Namen, dann kommt sie.[97]

Der Mensch, so Kafka, benötigt zur Entfaltung seines Lebens den richten Zuspruch, das richtige Wort. Er muss erst ins Dasein gerufen werden:

Das ist das Wesen der Zauberei, die nicht schafft, sondern ruft.[98]

Kafka bezeichnet den existenziellen „Ruf" ins Leben als eine Art „Zauber", insofern der Ruf verborgene

Anlagen in tatsächliche Fähigkeiten verwandelt. Und dieser Zauber bezieht sich keineswegs nur auf Neugeborene, sondern auch auf Kinder, Pubertierende und junge Erwachsene. Oft benötigen gerade sie eine Ermutigung, einen Zuspruch, einen Mentor, um ihre Möglichkeiten zu entwickeln und auszuschöpfen. Er selbst, so Kafka, habe diese Ermutigung in der Kindheit und Jugendzeit schmerzlich vermisst. Sein literarisches Potential, das er früh bei sich zu erkennen glaubte, wurde, wie bereits angedeutet, insbesondere von seinem Vater in keiner Weise anerkannt, geschweige denn gefördert. Kafka kommt deshalb zu dem Schluss:

> Jeder Mensch ist eigentümlich und kraft seiner Eigentümlichkeit berufen, zu wirken, er muß aber an seiner Eigentümlichkeit Geschmack finden. Soweit ich es erfahren habe, arbeitete man sowohl in der Schule als auch zu Hause darauf hin, die Eigentümlichkeit zu verwischen.[99]

Er habe, so schreibt Kafka in sein Tagebuch, nie das Zutrauen zu sich und seinen Fähigkeiten entwickeln können, das für ein gesundes und normales Leben notwendig gewesen wäre. Die Biografen Kafkas sind sich einig, dass die von ihm beschriebene frühe Verunsicherung seine, von Natur aus vorhandene, Sensibilität noch verstärkt und letztlich zu einem zurückgezogenen Lebensstil geführt hat. Kafka betont als Erwachsener immer wieder die Bedeutung des Alleinseins. Sein ganzes literarisches Werk sei das Ergebnis dieses totalen Rückzugs:

Was ich geleistet habe, ist nur ein Erfolg des Alleinseins.[100]

Diese Aussage lässt zunächst vermuten, dass er sich bewusst für ein zurückgezogenes Leben entschieden habe, um Zeit für die Schriftstellerei zu gewinnen. Kafka, so heißt es auch manchmal, brauchte die Einsamkeit, um sich alles von der Seele zu schreiben und seine Kreativität auszuleben. Doch das ist nur die halbe Wahrheit:

Das Schreiben erhält mich, aber ist es nicht richtiger zu sagen, daß es diese Art Leben erhält. Damit meine ich natürlich nicht, daß mein Leben besser ist, wenn ich nicht schreibe. Vielmehr ist es dann viel schlimmer und gänzlich unerträglich [...].[101]

Das Schreiben, so Kafka, erhält ihn also am Leben und macht sein Leben erträglich. Und doch ist dieses nächtliche Schreiben, so Kafkas Resümee, letztlich nur

der Lohn für Teufelsdienst [...]. Dieses Hinabgehn zu den dunklen Mächten, diese Entfesselung von Natur aus gebundener Geister, fragwürdige Umarmungen und was alles noch unten vor sich gehen mag, von dem

man oben nichts mehr weiß, wenn man im Sonnenlicht Geschichten schreibt. Vielleicht gibt es auch ein anderes Schreiben, aber ich kenne nur dieses, in der Nacht [...].[102]

Kafka schrieb auch deshalb nachts, weil er tagsüber arbeiten musste. Vierzehn Jahre lang ist er Tag für Tag als Jurist in die Prager Arbeiter-Unfall-Versicherungsanstalt gegangen, obwohl sein „einziges Verlangen", wie er selbst sagt, seinem „nächtlichen Gekritzel" galt. Das arbeitsreiche und einsame Leben hat er aber im Grunde nicht ausgewählt. Er konnte nicht anders, als sich mit den dunklen Mächten zu beschäftigen. Dabei war es keineswegs so, dass er in diesem Zustand der Einsamkeit glücklich war. So schreibt er in einem Brief an seinen Freund Max Brod:

So tief im Unglück und ohne Erklärung [...] muß ich so dringend jemanden suchen, der mich nur freundlich berührt, daß ich gestern mit einer Dirne im Hotel war.[103]

Tatsächlich münden Kafkas Beziehungen zu Frauen trotz dreier Verlobungen und sehr intensiver Briefwechsel nie in einer Ehe oder einer festen Lebenspartnerschaft. Kafka löst die Verlobungen wieder auf und zieht in letzter Konsequenz das Alleinsein vor, obwohl er hin- und hergerissen ist. Sein innerer Zwiespalt kommt zum Ausdruck, wenn er in einer Erzählung einerseits Beruf, Liebe, Familie und Rente als „haltgebende" Elemente des Lebens preist, die uns vor zerstörenden Gefühlen bewahren, gleichzeitig aber einräumt, dass auch diese bürgerlichen Konventionen „natürlich nur versuchsweise" dazu beitragen, „uns gegenüber der Welt zu halten":

[…] ohne einen Mittelpunkt zu haben, ohne einen Beruf, eine Liebe, eine Familie, eine Rente zu haben, d.h. ohne sich im Großen gegenüber der Welt versuchsweise natürlich nur zu halten […] kann man sich vor augenblicklich zerstörenden Verlusten nicht bewahren.[104]

Berühmt geworden ist auch sein über tausend Seiten umfassender Briefwechsel mit Felice Bauer. In den über fünfhundert Briefen sieht man das aufrichtige und angestrengte Bemühen Kafkas, eine tragfähige Beziehung aufzubauen. Man sieht aber gleichzeitig seine prinzipielle Unfähigkeit und seinen inneren Widerwillen, genau das zu tun. So gesehen war Kafkas Weg des Alleinseins und des Rückzugs weniger eine bewusste Entscheidung als das Resultat dessen, was er einzig konstitutionell zu tun in der Lage war:

> Ich bin nicht nur durch meine äußerlichen Verhältnisse, sondern noch viel mehr durch mein eigentliches Wesen ein verschlossener, schweigsamer, ungeselliger unzufriedener Mensch

> [...]. Für Familienleben fehlt mir daher jeder Sinn, außer der des Beobachters im besten Fall. [...] Eine Ehe könnte mich nicht verändern, ebenso wie mich mein Posten nicht verändern kann.[105]

Seine Tagebucheintragungen, wie auch der Brief an den Vater und zahlreiche andere Zeugnisse verweisen darauf, dass Kafka niemals ein Selbstgefühl besaß, das ihm als Erwachsener erlaubte, entschlossen und vital auf die Welt zuzugehen. Sein diesbezügliches Ringen und sein tausendseitiger Briefwechsel mit Felice Bauer verschafften ihm den zweifelhaften Ehrentitel „Junggeselle der Weltliteratur".[106]

Aber nicht nur gegenüber Frauen blieb Kafka unsicher. Auch zu seinem eigenen literarischen Schaffen verhielt er sich stets mit kaum zu überbietender Distanz. Als er einem Verleger einige seiner Werke zur Publikation anbietet, empfiehlt er sich diesem mit den Worten:

> Ich werde Ihnen immer viel dankbarer sein für die Rücksendung meiner Manuskripte als für deren Veröffentlichung [...].[107]

An dieser Stelle mag er etwas kokettiert haben. Aber wenn Kafka recht hat, dann entsteht und entfaltet sich das spätere Selbstbewusstsein und Selbstvertrauen bereits im Kindesalter in der gelebten zwischenmenschlichen Beziehung. Denn in dieser frühen Phase bildet sich das heraus, was man später als das „Selbst" bezeichnet, also das, auf was wir im späteren Leben in Form von Selbstbewusstsein und Selbstgefühl wie selbstverständlich zurückgreifen. Das Experiment des Stauferkaisers, die Hospitalismus-Studien von René Spitz und die Forschungen zum Autismus von Bruno Bettelheim haben letztlich einen gemeinsamen Kern. Sie zeigen uns in aller Deutlichkeit die wirklichkeitsstiftende Kraft des Seins-Zuspruchs von Mensch zu Mensch.

Bleibt er ganz aus, wie im Experiment von Friedrich II, wird also der kleine Mensch nicht ins Leben gerufen, stirbt er. Ist der Seins-Zuspruch sehr gering, unterbrochen oder unzureichend, wie in den Hospitalismus- und Autismus-Studien von Spitz und Bettelheim, dann hat der Mensch unter Umständen ein Leben lang damit zu tun, sein Selbstgefühl aufrecht zu erhalten.

Auch Kafkas Protagonisten, so scheint es, tragen eine solche fundamentale Verunsicherung in sich. Ihnen fehlt das, was Bettelheim eine „ontologische Seins-Sicherheit" nennt, eine Art Urvertrauen zu sich selbst. Kafka weiß um dessen Bedeutung:

> Der Mensch kann nicht leben ohne ein dauerndes Vertrauen zu etwas Unzerstörbarem in sich [...]. Eine der Ausdrucksmöglichkeiten [...] ist der Glaube an einen persönlichen Gott.[108]

Eine andere Ausdrucksmöglichkeit des Urvertrauens ist der Glaube an sich selbst, an die eigene Unfehlbarkeit und Tatkraft, wie sie sein Vater hatte. Kafka selbst besaß dieses Urvertrauen nicht und war auch weit davon entfernt, sich von einer höheren Macht geleitet und beschützt zu fühlen. Schon als 21-Jähriger klagt er in einem Brief an seinen Freund Max Brod, dass es ihm an jenem basalen Selbstvertrauen fehlen würde, das für andere Menschen so selbstverständlich sei:

Als ich […] nach einem kurzen Nachmittagsschlaf die Augen öffnete […], hörte ich meine Mutter in natürlichem Ton vom Balkon hinunterfragen: „Was machen Sie?" Eine Frau antwortete aus dem

Garten: „Ich jause im Grünen." Da staunte ich über die Festigkeit, mit der die Menschen das Leben zu tragen wissen."[109]

Kafkas Imperativ: Eigentümlichkeit und Potentialität der Menschen anerkennen!

Kafka zeigt uns in seinem literarischen Werk und anhand seiner persönlichen Biografie, was in zwischenmenschlichen Beziehungen scheitern, fehlen und schiefgehen kann, und worauf es umgekehrt bei einer gelingenden Beziehung ankommen könnte. Er erkennt in aller Deutlichkeit die Bedeutung der frühen Kindheit für die Konstitution des Selbstgefühls:

Jeder Mensch ist eigentümlich und kraft seiner Eigentümlichkeit berufen zu wirken, er muß aber an seiner Eigentümlichkeit Geschmack finden.[110]

Und hier kommt es vor allem auf eines an: die Eigentümlichkeit des Kindes erst einmal zu entdecken. Kafka fordert dies mit großer Vehemenz, weil ihm selbst diese Form der Seins-Bestätigung offenbar

nicht, oder zu wenig zuteilwurde. Auf einem Notiz-
blatt schreibt er:

> Man erkannte meine
> Eigentümlichkeit nicht an;[111]

So wurde ihm als Kind verboten, abends noch Bücher
zu lesen. Als er mit vierzehn Jahren seine ersten literarischen Versuche startete, stieß er nicht nur bei
seinem Vater auf Unverständnis und Ablehnung:

> Ein Onkel, der gern auslachte nahm mir endlich das Blatt,
> das ich nur schwach hielt, sah es kurz an, reichte es mir
> wieder sogar ohne zu lachen und sagte nur zu den andern,
> die ihn mit den Augen verfolgten „Das gewöhnliche Zeug",

> zu mir sagte er nichts. Ich [...]
> beugte mich [...] über mein also
> unbrauchbares Blatt, aber aus der
> Gesellschaft war ich tatsächlich
> mit einem Stoß vertrieben.[112]

Die Geringschätzung blieb nicht ohne Folgen:

[…] das Urteil des Onkels wiederholte sich in mir mit schon fast wirklicher Bedeutung und ich bekam selbst innerhalb des Familiengefühls einen Einblick in den kalten Raum unserer Welt […].[113]

Bleibt die Ermutigung zur Entfaltung der eigenen Anlagen und Talente über längere Zeit aus, kann dies die weitere Entwicklung zwar nicht völlig zum Stillstand bringen, wohl aber erheblich erschweren:

[…] so ist doch jedenfalls sicher, daß ich von meinen Eigentümlichkeiten nie jenen wahren Gewinn zog, der sich schließlich in dauerndem Selbstvertrauen äußert.[114]

Was nutzt uns aber diese Entdeckung von Kafka heute? Ist es nicht inzwischen eine Binsenwahrheit, dass gerade das Kleinkind und der junge Mensch zur Entfaltung seiner Anlagen den Zuspruch der Eltern und Bezugspersonen braucht? Kennt man nicht schon seit vielen Jahren in der Psychologie, Psychoanalyse und Pädagogik die Wirkung von Lob und Tadel, von Motivation und Frustration, von Hemmung und Ermutigung? Haben nicht auch Denker wie Sigmund Freud, René Spitz, Bruno Bettelheim die große Bedeutung des Seins-Zuspruchs in der Kindheit entdeckt?

Ja, die Dynamik der Selbstwerdung ist inzwischen bekannt. Doch Kafka hat uns noch vor Freud, Spitz, Bettelheim und anderen eine zusätzliche Dimension des Werdens aufgezeigt. Nicht nur Kinder, die beispielsweise Hospitalismus-Situationen ausgesetzt waren, wenig oder mangelnde Zuwendung bekommen haben, tun sich später sehr schwer, sondern auch Kinder aus intakten Familien, ja sogar „Wunschkinder". Kafka zeigt uns die oft unterschätzte Tatsache, dass auch „wohlmeinende" Eltern, wie beispielsweise seine eigenen, in aller Regel folgenreiche Erziehungsfehler machen:

Die Eltern stehn ja ihren Kindern nicht frei gegenüber, wie sonst ein Erwachsener dem Kind gegenübersteht, es ist doch das eigene Blut – noch eine schwere Komplikation: das Blut beider Elternteile.[115]

Die Eltern, so Kafka, sehen das „eigene Fleisch und Blut" als etwas ganz Besonderes an, als Teil von sich, als ihren Sprössling, den sie nun formen müssen:

Wenn der Vater (bei der Mutter ist es entsprechend) „erzieht", findet er z.B. in dem Kind Dinge, die er schon in sich gehabt hat und nicht überwinden konnte und die er jetzt bestimmt zu überwinden hofft, denn das

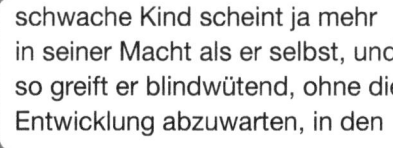

schwache Kind scheint ja mehr in seiner Macht als er selbst, und so greift er blindwütend, ohne die Entwicklung abzuwarten, in den

werdenden Menschen, oder er erkennt z.B. mit Schrecken, daß etwas, was er als eigene Auszeichnung ansieht, […] in dem Kinde fehlt, und so fängt er an, es dem Kind einzuhämmern, was ihm auch gelingt, aber gleichzeitig mißlingt, denn er zerhämmert dabei das Kind.[116]

Kafka spricht hier das anthropologische Grundproblem jeder Erziehung an. Die Eltern ‚meinen es ja nur gut‘, wenn sie ihre besten Eigenschaften oder diejenigen, die sie dafür halten, nun auch in ihrem Kind sehen wollen und ihm umgekehrt alle ihre Schwächen, die sie beim Kind wiederzuerkennen glauben, aberziehen. Das Kind soll sich dieser liebenden Fürsorge entsprechend entwickeln. Doch genau darin besteht die Gefahr, dass die je eigene Entfaltung des Kindes auf der Strecke bleibt. Und das ist im Grunde auch das radikale Fazit von Kafkas Erfahrungen.

Nicht nur jene Kinder, die nicht oder zu wenig geliebt werden, tun sich schwer, ein kohärentes Selbstgefühl aufzubauen, auch Kinder, die geliebt werden, können Opfer von Erwartungshaltungen sein, die – wenngleich auf andere Weise - der je eigenen Entfaltung im Wege stehen. Kafka bringt diese Dialektik der liebevollen Erziehung, die – obgleich gut gemeint – in ihr Gegenteil umschlägt, wie so oft, in einem einzigen Satz auf den Punkt. Der liebende Erwachsene, so Kafka

[...] sieht in dem Kind nur das Geliebte, er hängt sich an das Geliebte [...], er verzehrt es aus Liebe.[117]

Wenn Kafka beklagt, dass er selbst aufgrund der Nicht-Anerkennung des Vaters seine Eigentlichkeit nicht in einer Weise entfalten konnte, um Gewinn daraus zu ziehen, weist er uns umgekehrt darauf hin, was für eine gedeihliche Entwicklung erforderlich ist. Der noch kleine Mensch muss, bei allen Wünschen, die wir Erwachsenen an seine Entwicklung haben, auch in seiner Potentialität und Individualität erkannt und gefördert werden. Dazu bedarf es zunächst einer staunenden Wahrnehmung und Entdeckung des Kindes als eigenem Wesen mit eigenen Anlagen. Diese zunächst unsichtbare, sich nur andeutende Potentialität kann aktiviert oder, wie Kafka eben sagt, ins Leben gerufen werden:

> Es ist sehr gut denkbar, daß die Herrlichkeit des Lebens um jeden und immer in ihrer ganzen Fülle bereit liegt, aber verhängt, in der Tiefe, unsichtbar, sehr weit. Aber sie liegt dort, nicht feindselig, nicht widerwillig, nicht taub. Ruft man sie mit dem richtigen Wort, beim richtigen Namen, dann kommt sie.[118]

Fazit: Kafka zeigt uns in seinen Erzählungen und Romanen auf subtile Weise das Scheitern zwischenmenschlicher Beziehungen. Seine Helden verwandeln sich in Käfer, werden vom Vater totgesagt, als Steuermann ausgetauscht, im Hungerkäfig vergessen, oder von Unbekannten beschuldigt und hingerichtet. Keinem seiner Helden gelingt es, sein Schicksal in die eigene Hand zu nehmen. Zu sehr fehlt es ihnen an Selbstsicherheit und Vitalität. Doch hinter jeder dieser Geschichten des Scheiterns steckt ein verborgener Hinweis auf die anthropologische Struktur gelingender zwischenmenschlicher Beziehung. In seinen autobiografischen Texten verdichtet

Kafka seine werksimmanente Botschaft: Niemand kann seine eigene Sonne sein. Wir sind auf Gedeih und Verderb aufeinander angewiesen, haben aber die Chance, den Anderen in seiner wesenhaften Potentialität zu sehen und zu ermutigen.

Der Philosoph Buber hat diesen Kerngedanken von Kafka einmal folgendermaßen formuliert: „Das Fundament des Mensch-mit-Menschseins ist dies Zwiefache und Eine: der Wunsch eines jeden Menschen als das, was er ist, ja was er werden kann, von Menschen bestätigt zu werden, und die dem Menschen angeborene Fähigkeit, seine Mitmenschen ebenso zu bestätigen."[119]

Dem Schriftsteller Kafka ist es gelungen, diese abstrakte philosophische Erkenntnis in eine für uns alle nachvollziehbare Erfahrung zu verwandeln. Das „Kafkaeske", das uns in seinen Erzählungen begegnet, kennen wir aus unseren eigenen Träumen und bisweilen aus der realen Welt. Es ist letztlich nichts anderes als die tiefe Verunsicherung, nicht als das wahrgenommen und bestätigt zu werden, was wir sind und sein können.

Kafkas Trost

Kafka ist der mit Abstand am meisten interpretierte Schriftsteller auf der Welt. Zu seinem Werk gibt es über fünf Millionen Doktorarbeiten, wissenschaftliche Aufsätze und Bücher. Über Kafka ist tatsächlich sehr, sehr viel, vielleicht sogar zu viel geschrieben worden. Dass uns aber Kafkas Werk bis heute keine Ruhe lässt, hat auch etwas zu bedeuten. Obwohl er mit nur vierzig Jahren an Tuberkulose gestorben ist, einen Teil seiner Werke vor seinem Tod vermutlich selbst vernichtet hat und seine Romane fragmentarisch[120] geblieben sind, fasziniert er uns heute noch wie kaum ein anderer. Der Grund ist einfach. In seinen Romanfragmenten und Kurzgeschichten, so befremdlich sie auch sein mögen, steckt eine zeitlose Wahrheit, der wir uns nicht entziehen können. Kafkas Botschaft ist leise und doch unüberhörbar.

Er hat wie kein anderer die Dimension des Alleinseins auf dem Hintergrund der existenziellen Beziehungswirklichkeit des Menschseins aufgezeigt, einer Beziehungswirklichkeit, in der wir uns alle befinden:

126

Untereinander sind sie (die Menschen) wie durch Seile verbunden.[121]

Lockern sie sich, wird es schwierig, lösen sie sich, katastrophal. Auch wenn manche Menschen das Gefühl des Ausgeliefertseins an einen vorhandenen oder eben nicht vorhandenen Seins-Zuspruch intensiver empfinden als andere, so kennt doch jeder die Bedrohung, die von einer möglichen Exkommunikation ausgeht. Kafka zeigt in kraftvoll unerbittlicher Deutlichkeit, was uns im Leben fehlen kann, was uns so fremd und heimatlos macht – in einer Welt, zu der wir doch auch dazugehören wollen und auf die wir angewiesen sind.

Er verweist in seiner völlig unpathetischen Sprache auf das Pathos der Liebe. Seine Geschichten machen etwas erfahrbar, was kein Philosoph in dieser Weise je so deutlich machen konnte: Die Dimension fehlender Geborgenheit. Er zeigt uns die Struktur und das Wesen der zwischenmenschlichen Beziehung als gegenseitigem Seins-Zuspruch, allerdings im defizienten Modus, also im Erscheinungsbild seines bedrohlichen Ausbleibens.

Ausnahmslos alle seine Protagonisten sind auf einer ruhelosen Suche, einer Suche, die trotz größter Anstrengungen nicht ans Ziel führt. Sie kommen nie wirklich im Leben an. Kafka hat für seine Helden und auch für seine Leser keine Lösungen parat, keine Wendepunkte zum Besseren, kein Happy End. Im Gegenteil, seine Erzählungen ziehen uns unwiderstehlich in einen Strudel emotionaler Heimatlosigkeit. Und dennoch haben sie für jeden von uns eine leise und tröstliche Botschaft.

Wer mal wieder einen ganzen Tag lang nicht wirklich im Leben angekommen ist oder morgens aus einem kafkaesken Traum erwacht, weiß: Er ist damit nicht allein.

Zitatverzeichnis

1 Zitat, Kafka, Tagebucheintrag vom 21. August 1913, in: Franz Kafka, Schriften/Tagebücher, Kritische Ausgabe in 15 Bänden, Tagebücher, hrsg. von Hans-Gerd Koch et al., Fischer Verlag, Frankfurt a. M. 2002, S. 580, im Folgenden zitiert als „Tagebücher"

2 Zitat, Kafka, Brief an Oskar Pollak vom 20. Dezember 1903, in: Franz Kafka, Briefe 1900 - 1912, hrsg. von Hans Gerd Koch, Fischer Verlag, Frankfurt a. M. 1999, S. 32 f., im Folgenden zitiert als „Briefe 1900 - 1912"

3 Zitat, Kafka, Brief an Max Brod vom 5. Juli 1922, in: Max Brod, Franz Kafka, Eine Freundschaft II, Briefwechsel, hrsg. von Malcolm Pasley, Frankfurt a. M. 1989, S. 377, im Folgenden zitiert als „Briefe an Max Brod"

4 Zitat, ebenda, S. 378

5 Zitat, Kafka, Tagebucheintrag vom 29. Oktober 1921, Tagebücher, S. 871

6 Zitat, Kafka, Brief an Oskar Pollak vom 8. oder 9. November 1903, Briefe 1900 - 1912, S. 28

7 Vgl. Klaus Wagenbach, Kafka, Rowohlt Taschenbuch Verlag, Reinbek 1964, S. 33

8 Zitat, Duden Wörterbuch zum Begriff „kafkaesk", Duden-Verlag, Berlin 2020

9 Zitat, Kafka, Brief an Pollak vom 27. Januar 1904, Briefe 1900 - 1912, S. 36

10 Zitat, Franz Kafka, Die Verwandlung, in: Franz Kafka, Schriften/Tagebücher, Kritische Ausgabe in 15 Bänden, Drucke zu Lebzeiten, hrsg. von Wolf Kittler et al., Fischer Verlag, Frankfurt a. M. 2002, S. 115, im Folgenden zitiert als „Verwandlung"

11 Zitat, Kafka, Verwandlung, S. 128 f.

12 Zitat, Kafka, Verwandlung, S. 131

13 Zitat, Kafka, Verwandlung, S. 132

14 Zitat, Kafka, Verwandlung, S. 140 f.

15 Zitat, Kafka, Verwandlung, S. 141 f.

16 Zitat, Kafka, Verwandlung, S. 157

17 Zitat, Kafka, Verwandlung, S. 166

18 Zitat, Kafka, Verwandlung, S. 171

19 Zitat, Kafka, Verwandlung, S. 172
20 Zitat, Kafka, Verwandlung, S. 185 f.
21 Zitat, Kafka, Verwandlung, S. 186, 189
22 Zitat, Kafka, Verwandlung, S. 191
23 Zitat, Kafka, Verwandlung, S. 193
24 Zitat, Kafka, Verwandlung, S. 193 f.
25 Zitat, Kafka, Verwandlung, S. 194
26 Zitat, Kafka, Verwandlung, S. 200
27 Zitat, Kafka, Verwandlung, S. 191
28 Zitat, Kafka, Der Steuermann, in: Franz Kafka, Schriften/Tagebücher, Kritische Ausgabe in 15 Bänden, Nachgelassene Schriften und Fragmente II., Hrsg. von Jost Schillemeit, Frankfurt a. M. 1992, S. 324, im Folgenden zitiert als „Steuermann"
29 Zitat, Kafka, Steuermann, S. 324
30 Zitat, Kafka, ebenda
31 Zitat, Kafka, Ein Hungerkünstler, in: Franz Kafka, Schriften/ Tagebücher, Kritische Ausgabe in 15 Bänden, Drucke zu Lebzeiten, hrsg. von Wolf Kittler et al., Fischer Verlag, Frankfurt a. M. 2002, S. 334, im Folgenden zitiert als „Hungerkünstler"
32 Zitat, Kafka, Hungerkünstler, S. 337
33 Zitat, Kafka, ebenda
34 Zitat, Kafka, Hungerkünstler, S. 339 f.
35 Zitat, Kafka, Hungerkünstler, S. 338
36 Zitat, Kafka, Hungerkünstler, S. 341
37 Zitat, Kafka, Hungerkünstler, S. 342
38 Zitat, Kafka, Hungerkünstler, S. 347
39 Zitat, Kafka, Hungerkünstler, S. 348
40 Zitat, Kafka, Hungerkünstler, S. 348 f.
41 Zitat, Kafka, Hungerkünstler, S. 349
42 Zitat, Kafka, Hungerkünstler, S. 348
43 Zitat, Franz Kafka, Der Proceß, in: Franz Kafka, Schriften/ Tagebücher, Kritische Ausgabe in 15 Bänden, Der Proceß, hrsg. von Malcolm Pasley, Fischer Verlag, Frankfurt a. M. 2002, S. 7, im Folgenden zitiert als „Proceß"
44 Zitat, Kafka, Proceß, S. 11
45 Zitat, Kafka, Proceß, S. 13 f.
46 Zitat, Kafka, Proceß, S. 21 f.
47 Zitat, Kafka, Proceß, S. 21

48   Zitat, Kafka, Proceß, S. 62
49   Zitat, Kafka, Proceß, S. 69
50   Zitat, Kafka, Proceß, S. 71
51   Zitat, Kafka, ebenda
52   Zitat, Kafka, Proceß, S. 142 f.
53   Zitat, Kafka, Proceß, S. 262
54   Zitat, Kafka, Proceß, S. 289
55   Zitat, Kafka, Proceß, S. 293 ff.
56   Zitat, Kafka, Proceß, S. 305
57   Zitat, Kafka, Proceß, S. 312
58   Zitat, Kafka, ebenda
59   Zitat, Student der Universität Wiesbaden, zitiert nach Max Brod im
     Gespräch mit Georg Stadtler, TV-Interview, BR-alpha aus der Retro-
     Reihe von ARD-/BR-alpha aus dem Jahr 1968
60   Zitat, Kafka, Proceß, S. 237
61   Zitat, Kafka, Proceß, S. 262
62   Zitat, Kafka, Proceß, S. 14
63   Zitat, Kafka, Proceß, S. 312
64   Zitat, Franz Kafka, Das Urteil, in: Franz Kafka, Schriften/ Tagebücher,
     Kritische Ausgabe in 15 Bänden, Drucke zu Lebzeiten, hrsg. von
     Wolf Kittler et al., Fischer Verlag, Frankfurt a. M. 2002, S. 53, im
     Folgenden zitiert als „Urteil"
65   Zitat, Kafka, Urteil, S. 56
66   Zitat, Kafka, Urteil, S. 57
67   Zitat, Kafka, Urteil, S. 60
68   Zitat, Kafka, Urteil, S. 61
69   Zitat, Kafka, Tagebucheintrag vom 11. Februar 1913, Tagebücher,
     S. 491
70   Zitat, Kafka, Urteil, S. 60
71   Zitat, Franz Kafka, Brief an den Vater, in: Franz Kafka, Schriften/
     Tagebücher, Kritische Ausgabe in 15 Bänden, Nachgelassene Schriften
     und Fragmente II, hrsg. von Jost Schillemeit, Fischer Verlag,
     Frankfurt a. M. 1992, S. 148, im Folgenden zitiert als „Brief an den
     Vater"
72   Zitat, Kafka, Brief an den Vater, S. 173
73   Zitat, Kafka, ebenda
74   Zitat, Kafka, ebenda

75 Zitat, Kafka, Jeder Mensch ist eigentümlich, in: Franz Kafka, Schriften/Tagebücher, Kritische Ausgabe in 15 Bänden, Nachgelassene Schriften und Fragmente II, hrsg. von Jost Schillemeit, Fischer Verlag, Frankfurt a. M. 1992, S. 9, im Folgenden zitiert als „Jeder Mensch ist eigentümlich"

76 Vgl. zur ontologischen Struktur von Beziehung in Kafkas Werk: Walther Ziegler, Anerkennung und Nicht-Anerkennung, Studien zur Struktur zwischenmenschlichen Beziehung aus symbolisch interaktionistischer, existenzphilosophischer und dialogischer Sicht, Bouvier Verlag, Berlin 1992, S. 160 - 175

77 Zitat, Kafka, Brief an Oskar Pollak vom 20. Dezember 1903, Briefe 1900 - 1912, S. 32

78 Zitat, Kafka, Tagebucheintrag vom 15. Februar 1920, Tagebücher, S. 854 f.

79 Zitat, Kafka, Proceß, S. 312

80 Zitat, Kafka, in: in: Franz Kafka, Schriften/Tagebücher, Kritische Ausgabe in 15 Bänden, Nachgelassene Schriften und Fragmente II, hrsg. von Jost Schillemeit, Fischer Verlag, Frankfurt a. M. 1992, S. 130

81 Zitat, Kafka, Hochzeitsvorbereitungen auf dem Lande, in: Franz Kafka, Schriften/Tagebücher, Kritische Ausgabe in 15 Bänden, Nachgelassene Schriften und Fragmente I, hrsg. von Malcolm Pasley et al., Fischer Verlag, Frankfurt a. M. 2002, S. 14

82 Zitat, Kafka, Verwandlung, S. 191

83 Zitat, Kafka, Verwandlung, S. 193

84 Zitat, Kafka, Urteil, S. 61

85 Vgl. Klaus-Dietrich Stumpfe, Der psychogene Tod, Schriftenreihe zur Theorie und Praxis der medizinischen Psychologie, hrsg. von Eckart Wiesenhütter, Hippokrates Verlag, Stuttgart 1973

86 Zitat, Claude Lévi-Strauss, Strukturale Anthropologie, Teil 1, Frankfurt a.M. 1991, S. 183

87 Zitat, ebenda

88 Vgl. Walter B. Cannon, ‚Voodoo' Death, in: American Anthropologist, Bd. 44, S. 169-181, New York 1942, S. 180

89 Zitat, Klaus-Dietrich Stumpfe, Psychosoziale Faktoren beim Sterben und Tod, in: Curare, Zeitschrift für Ethnomedizin und transkulturelle Psychiatrie, Vol. 8, S. 227-237, Vieweg & Sohn Verlag, Berlin 1985, S. 232

Vgl. hierzu auch: Klaus-Dietrich Stumpfe, Der psychogene Tod als Folge eines Todeszaubers, in: Anthropos, Internationale Zeitschrift für Völker- und Sprachkunde, Bd. 71, Paulusverlag, Freiburg 1976

90 Zitat, Bruno Bettelheim, Die Geburt des Selbst, The Empty Fortress, Erfolgreiche Therapie autistischer Kinder, Fischer Taschenbuchverlag, Frankfurt a. M. 1983, S. 84 f.

91 Vgl. Bruno Bettelheim, The Empty Fortress, Infantile Autism and the Birth of the Self, The Free Press Verlag, London 1967, Der deutsche Titel lautet „Die Geburt des Selbst, The Empty Fortress, Erfolgreiche Therapie autistischer Kinder", s.o.

92 Zitat, Kafka, Brief an Oskar Pollak vom 20. Dezember 1903, Briefe 1900 - 19012, S. 32 f.

93 Zitat, Didier Lombard, Ex-Konzernchef der France Telecom, zitiert nach: Christian Schubert, Suizidserie bei France Telecom, Frankfurter Allgemeine Zeitung vom 06.05.2019. Die FAZ nennt weitere Details: „Der damalige Personalchef Olivier Barberot wird in den Gerichtsunterlagen mit den Worten zitiert, dass sich die Vorgesetzten „psychologischer Mechanismen" bedienen sollen, die zur „Lust, ein neues Leben anzufangen" führen sollen. Von gezielter „Frustration" ist die Rede. Viele Mitarbeiter wurden mit völlig neuen Aufgaben konfrontiert oder hatten teilweise gar keine Arbeit mehr; wer das ablehnte, bekam einen Job in einem Call-Center oder in einer Boutique für den Handy-Verkauf angeboten. Vorgesetzte wurden daran gemessen, wie viel Stellenabbau ihnen gelang." In mehreren Abschiedsbriefen von Suizidenten wurde der Mobbing-Tatbestand detailliert ausgesprochen. Allerding war „Mobbing" in Frankreich damals noch keine gesetzlich definierte Straftat. Trotz der schwierigen Rechtslage wurde die damalige Konzernspitze wegen „institutionellen psychischen Mobbings" schuldig gesprochen und zu Haft- und Geldstrafen verurteilt.

94 Zitat, Salimbene de Parma, Die Chronik des Salimbene von Parma, in: Die Geschichtsschreiber der deutschen Vorzeit Gesamtausgabe 2. Bd. 93-94, nach der Ausgabe der Monumenta Germaniae, bearbeitet von Alfred Doren, zwei Bände, Dyk Verlag, Leipzig 1914, zitiert nach Bruno Bettelheim, Die Geburt des Selbst, S. 500 f.

95 Weitere Experimente zur „Ursprache der Menschheit" sind aus dem 6. Jh. v. Chr. vom ägyptischen König Psammetichos, im 15. Jh. n. Chr. von Jakob IV, und im 16. Jh. n. Chr. vom Mogulfürsten Agbar überliefert.

96 Vgl. René Spitz, Hospitalismus, in: Bittner, Schmitt-Cords, Erziehung in früher Kindheit, München 1971. Bekannt sind die Forschungen von René Spitz zur Mutter-Kind-Beziehung im ersten Lebensjahr. Er stellte fest, dass unter anderem aktive und passive Ablehnung, aber auch Überfürsorglichkeit, abwechselnde Feindseligkeit und Verwöhnung zu verschiedenen schweren psychischen und psychosomatischen Störungen beim Kind führen können.

97 Zitat, Kafka, Tagebucheintrag vom 18. Oktober 1921, Tagebücher, S. 866

98 Zitat, Kafka, ebenda

99 Zitat, Kafka, Jeder Mensch ist eigentümlich, S. 7

100 Zitat, Kafka, Tagebucheintrag vom 21. Juli 1913, Tagebücher, S. 569

101 Zitat, Kafka, Brief an Max Brod vom 6. Juli 1922, Briefe an Max Brod, S. 377

102 Zitat, ebenda, S. 378

103 Zitat, Kafka, Brief an Max Brod vom 29./30. Juli 1908, Briefe 1900 - 1912, S. 87

104 Zitat, Kafka, Tagebücher, S. 113

105 Zitat, Kafka, Tagebucheintrag vom 21. August 1913, Tagebücher, S. 580 f.

106 Vgl. Reiner Stach, Kafka, Die Jahre der Entscheidungen, Fischer Taschenbuch Verlag, Frankfurt a. M. 2008, S. 32.

107 Zitat, Kafka, Aussage gegenüber seinem Verleger Kurt Wolff, zitiert nach: Alois Prinz, Auf der Schwelle zum Glück, Die Lebensgeschichte von Franz Kafka, Beltz & Gelberg Verlag, Basel 2013, S. 78

108 Zitat, Kafka, in: Schriften/Tagebücher, Kritische Ausgabe in 15 Bänden, Nachgelassene Schriften und Fragmente II, hrsg. von Jost Schillemeit, Fischer Verlag, Frankfurt a. M. 1992, S. 124

109 Zitat, Kafka, Brief an Max Brod vom 28. August 1904, Briefe 1900 - 1912, S. 40

110 Zitat, Kafka, Jeder Mensch ist eigentümlich, S. 7

111 Zitat, Kafka, Jeder Mensch ist eigentümlich, S. 9

112 Zitat, Kafka, Tagebucheintrag vom 19. Januar 1911, Tagebücher, S. 147

113 Zitat, Kafka, ebenda

114 Zitat, Kafka, Jeder Mensch ist eigentümlich, S. 11

115 Zitat, Kafka, Brief an Schwester Elli vom Herbst 1921, in: Franz Kafka, Briefe 1902-1924, Fischer Taschenbuchverlag, Frankfurt a. M. 1975, S. 345, im Folgenden zitiert als „Briefe 1902 - 1924"

116 Zitat, Kafka, ebenda

117 Zitat Kafka, Briefe 1902 – 1924, S. 345 f.

118 Zitat, Kafka, Tagebucheintrag vom 18. Oktober 1921, Tagebücher, S. 866

119 Zitat, Martin Buber, Urdistanz und Beziehung, Beiträge zu einer philosophischen Anthropologie, Lambert Schneider Verlag, Heidelberg 1978, S. 28

120 So blieb beispielsweise „Der Proceß" fragmentarisch. Er wurde erst nach seinem Tod veröffentlicht. Kafka hatte zu Lebzeiten zunächst nur den Anfang und den Schluss erkennbar sorgfältig verfasst. Danach versuchte er die Lücken mit einzelnen Episoden zu füllen, hatte immer wieder Schreibblockaden, erklärte nach 5-monatiger Arbeit das Manuskript für misslungen und verfügte, dass es nach seinem Tod vernichtet werden müsse. Sein Freund Max Brod hielt sich nicht daran, da er den literarischen Wert der Fragmente erkannte. Er setzte sie so gut wie möglich zu einem Roman zusammen. Inzwischen gibt es unterschiedliche Rekonstruktionen. Kafka selbst verfasste kein Inhaltsverzeichnis und gab somit auch keine eindeutigen Hinweise zur Reihenfolge, was aber nicht verhinderte, dass „Der Proceß" zu einem Meilenstein der Weltliteratur wurde.

121 Zitat, Kafka, Brief an Oskar Pollak vom 20. Dezember 1903, Briefe 1900 - 1912, S. 32

In dieser Reihe erschienen:

Walther Ziegler
Adorno in 60 Minuten
1. Auflage: Oktober 2017
96 Seiten, Paperback, € 9,99
ISBN 9783-7-4486-463-3

Walther Ziegler
Arendt in 60 Minuten
1. Auflage: August 2018
120 Seiten, Paperback, € 9,99
ISBN 9783-7-5288-843-0

Walther Ziegler
Camus in 60 Minuten
1. Auflage: April 2015
84 Seiten, Paperback, € 9,99
ISBN 978-3-7347-8170-4

Walther Ziegler
Foucault in 60 Minuten
1. Auflage: November 2019
136 Seiten, Paperback, € 9,99
ISBN 978-3-7504-1262-0

Walther Ziegler
Freud in 60 Minuten
1. Auflage: April 2015
96 Seiten, Paperback, € 9,99
ISBN 978-3-7347-8024-0

Walther Ziegler
Habermas in 60 Minuten
1. Auflage: März 2017
128 Seiten, Paperback, € 9,99
ISBN 978-3-7431-8732-0

Walther Ziegler
Hegel in 60 Minuten
1. Auflage: April 2015
128 Seiten, Paperback, € 9,99
ISBN 978-3-7347-8128-5

Walther Ziegler
Heidegger in 60 Minuten
1. Auflage: April 2015
108 Seiten, Paperback, € 9,99
ISBN 978-3-7347-8169-8

Walther Ziegler
Hobbes in 60 Minuten
1. Auflage: Januar 2019
84 Seiten, Paperback, € 9,99
ISBN 978-3-7481-0127-7

Walther Ziegler
Kafka in 60 Minuten
1. Auflage: April 2021
144 Seiten, Paperback, € 9,99
ISBN 9-783-7526-3979-7

Walther Ziegler
Kant in 60 Minuten
1. Auflage: April 2015
144 Seiten, Paperback, € 9,99
ISBN 978-3-7347-8172-8

Walther Ziegler
Konfuzius in 60 Minuten
1. Auflage: Dezember 2020
132 Seiten, Paperback, € 9,99
ISBN 9-783-7526-6975-6

Walther Ziegler
Marx in 60 Minuten
1. Auflage: April 2015
112 Seiten, Paperback, € 9,99
ISBN 978-3-7347-8154-4

Walther Ziegler
Nietzsche in 60 Minuten
1. Auflage: Oktober 2017
152 Seiten, Paperback, € 9,99
ISBN 978-3-7448-6482-4

Walther Ziegler
Platon in 60 Minuten
1. Auflage: April 2015
112 Seiten, Paperback, € 9,99
ISBN 978-3-7347-8158-2

Walther Ziegler
Popper in 60 Minuten
1. Auflage: November 2019
121 Seiten, Paperback, € 9,99
ISBN 978-3-7504-1241-5

Walther Ziegler
Rawls in 60 Minuten
1. Auflage: Januar 2019
104 Seiten, Paperback, € 9,99
ISBN 978-3-7528-4912-7

Walther Ziegler
Rousseau in 60 Minuten
1. Auflage: April 2015
112 Seiten, Paperback, € 9,99
ISBN 978-3-7347-2555-5

Walther Ziegler
Sartre in 60 Minuten
1. Auflage: April 2015
116 Seiten, Paperback, € 9,99
ISBN 978-3-7347-8156-8

Walther Ziegler
Schopenhauer in 60 Minuten
1. Auflage: Januar 2018
139 Seiten, Paperback, € 9,99
ISBN 978-3-7448-6463-3

Walther Ziegler
Smith in 60 Minuten
1. Auflage: April 2015
100 Seiten, Paperback, € 9,99
ISBN 978-3-7347-8157-5

Walther Ziegler
Wittgenstein in 60 Minuten
1. Auflage: April 2018
116 Seiten, Paperback, € 9,99
ISBN 978-3-7460-8226-4

Walther Ziegler
Buddha in 60 Minuten
1. Auflage: Juli 2021
148 Seiten, Paperback, € 9,99
ISBN 978-3-7543-1666-5

Walther Ziegler
Epikur in 60 Minuten
1. Auflage: Oktober 2021
108 Seiten, Paperback, € 9,99
ISBN 978-3-7543-5138-3

Walther Ziegler
Descartes in 60 Minuten
1. Auflage: Dezember 2021
94 Seiten, Paperback, € 9,99
ISBN 978-3-7557-1602-0

Der Autor:

Dr. Walther Ziegler hat Philosophie, Geschichte und Politik studiert. Als Auslandskorrespondent, Reporter und Nachrichtenchef des Fernsehsenders ProSieben produzierte er Filme auf allen Kontinenten. Seine Reportagen wurden mehrfach preisgekrönt. Von 2007 bis 2016 bildete er in München junge TV-Journalisten aus und leitete eine University of Applied Sciences für Film- und Fernsehstudiengänge. Er ist zugleich Autor zahlreicher philosophischer Bücher. Als langjährigem Journalisten gelingt es ihm, das komplexe Wissen der großen Philosophen spannend und verständlich darzustellen.